VORWORT

Dass mich ausgerechnet ein Guide über mein Heimatrevier an die Grenzen meiner Fähigkeiten als Tourscout führen würde, hätte ich im Vorfeld der Recherche nicht erwartet. Doch tatsächlich geriet die Arbeit daran für mich zu einem veritablen Spagat. Hier war der Anspruch an mich selbst, ein Buch abzuliefern, das den Begriff „BIKE-Guide" nicht nur auf dem Titel trägt, sondern auch im Inhalt verdient. Dort war das Problem, möglichst attraktive Strecken zu finden, ohne durch deren Veröffentlichung den Konflikt zwischen Bikern und Fußgängern noch weiter anzuheizen. Und schließlich wollte auch noch der Umweltgedanke berücksichtigt sein.

Was also tun? Alle eventuell problematischen Trails unter den Tisch fallen lassen und nur Schotterstraßen und Feldwege beschreiben? Oder dem Leser Sensibilität zutrauen und sich darauf verlassen, dass Biker besser sind als ihr Ruf? Dieses Buch ist, wie ich hoffe, ein guter Kompromiss. Bei manchen Trails waren mir die Bauchschmerzen beim Gedanken an eine Veröffentlichung zu groß. In anderen Fällen, etwa wenn die Umfahrung einer kritischen Stelle einen riesigen Umweg bedeutet hätte, schlug das Pendel in Richtung „Das sollte gerade noch okay sein" aus. Letztlich glaube ich an den Biker als vernunftbegabtes Wesen, das sich der Situation angemessen verhält. Klar gibt es Menschen, die dem Mountainbiker mehr als reserviert gegenübertreten. Doch verhalte ich mich zuvorkommend und bin bereit, im Zweifelsfalle auch einmal abzusteigen, so kann ich in den meisten Fällen auch mit Toleranz rechnen. Denn bei allem Grant, für den die Bewohner von München ja bekannt sind, gilt hier auch die Devise: „Leben und leben lassen!" In diesem Sinne: Have a good ride!

Übersichtskarte

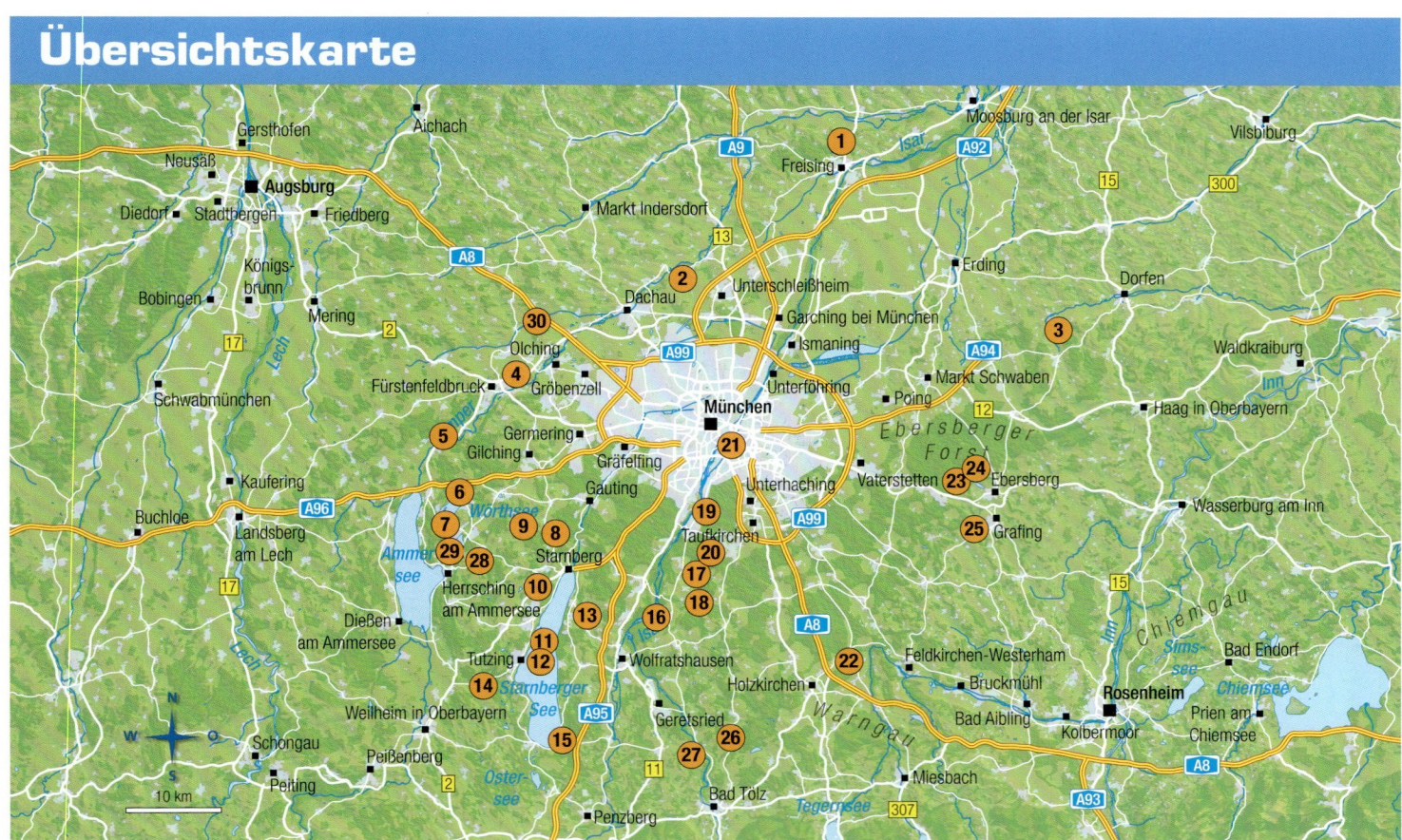

Tourenübersicht

Die Bewertung der Schwierigkeit einer Tour ist relativ zu den anderen Strecken in diesem Guide zu verstehen. Bei der Berechnung der Fahrzeiten wurde ein realistisch passender Schnitt zugrunde gelegt. Die GPS-Dateien sämtlicher Touren im GPX-Format stehen auf der Website **www.bike-magazin.de** mit dem **Code #10225** zum Download bereit.

Ampertrails

Nr.	Tour	Strecke	Fahrzeit	Fahrtechnik	Kondition	Fahrspaß	Landschaft
01	Freising – Kranzberg – Isar	56,6 km/620 hm	4:30 h	▲▲▲▲△△	▲▲▲▲▲△	▲▲▲▲▲△	▲▲▲▲△△
02	Von Dachau zum Schloss Haimhausen	32,2 km/147 hm	2:30 h	▲▲△△△△	▲▲△△△△	▲▲▲△△△	▲▲▲△△△
03	Dachauer Amperdschungel	26,9 km/133 hm	2:30 h	▲▲▲▲△△	▲▲▲△△△	▲▲▲▲△△	▲▲▲▲▲△
04	Gröbenzeller Railway-Trails	26,2 km/120 hm	2:00 h	▲▲▲▲△△	▲▲▲△△△	▲▲▲▲△△	▲▲▲▲△△
05	Bruck – Jexhof – Ammersee	51,1 km/531 hm	4:00 h	▲▲▲△△△	▲▲▲▲△△	▲▲▲▲△△	▲▲▲▲△△

Fünfseenland

Nr.	Tour	Strecke	Fahrzeit	Fahrtechnik	Kondition	Fahrspaß	Landschaft
06	Kurzer Wörthseeloop	17,6 km/247 hm	1:30 h	▲▲▲△△△	▲▲▲△△△	▲▲▲▲△△	▲▲▲▲△△
07	Andechser Holy Trails	38,3 km/468 hm	3:30 h	▲▲▲▲▲△	▲▲▲▲▲△	▲▲▲▲▲△	▲▲▲▲▲▲
08	Leutstettener Mühltalrunde	32,4 km/423 hm	2:30 h	▲▲▲▲△△	▲▲▲▲△△	▲▲▲▲△△	▲▲▲▲△△
09	Starnberg – Andechs	41,8 km/601 hm	3:30 h	▲▲▲▲△△	▲▲▲▲△△	▲▲▲▲▲△	▲▲▲▲▲△
10	Starnberg – Tutzing	35,7 km/430 hm	3:30 h	▲▲▲▲△△	▲▲▲▲△△	▲▲▲▲△△	▲▲▲▲▲△
11	Starnberger See Uferrunde	49,8 km/335 hm	3:30 h	▲▲▲△△△	▲▲▲▲△△	▲▲▲▲△△	▲▲▲▲▲△
12	Starnberger See Marathon	77,9 km/901 hm	6:00 h	▲▲▲▲△△	▲▲▲▲▲△	▲▲▲▲▲△	▲▲▲▲▲△

Nr.	Tour	Strecke	Fahrzeit	Fahrtechnik	Kondition	Fahrspaß	Landschaft
13	Münsinger Runde	42,7 km/479 hm	3:00 h	▲▲▲△△△	▲▲▲△△△	▲▲▲▲△△	▲▲▲▲△△
14	Tutzing – Osterseen	45,2 km/544 hm	3:30 h	▲▲▲▲△△	▲▲▲▲△△	▲▲▲▲▲△	▲▲▲▲▲△
15	Wolfratshausen – Osterseen	54,3 km/536 hm	4:00 h	▲▲▲▲△△	▲▲▲▲▲△	▲▲▲▲▲△	▲▲▲▲▲▲

Isartrails

Nr.	Tour	Strecke	Fahrzeit	Fahrtechnik	Kondition	Fahrspaß	Landschaft
16	Wolfratshausen – Bad Tölz	55,5 km/505 hm	4:30 h	▲▲▲▲▲△	▲▲▲▲▲△	▲▲▲▲▲▲	▲▲▲▲▲▲
17	Hohenschäftlarn – Wolfratshausen	27,4 km/579 hm	2:00 h	▲▲▲▲△△	▲▲▲▲△△	▲▲▲▲▲△	▲▲▲▲▲△
18	Hohenschäftlarn Trailspecial	15,9 km/408 hm	2:00 h	▲▲▲▲▲△	▲▲▲▲△△	▲▲▲▲▲△	▲▲▲▲▲△
19	Römerschanzentrails	17,6 km/397 hm	2:00 h	▲▲▲▲▲△	▲▲▲▲△△	▲▲▲▲▲△	▲▲▲▲▲△
20	Großhesselohe Trails	33,7 km/601 hm	2:30 h	▲▲▲▲▲△	▲▲▲▲△△	▲▲▲▲▲△	▲▲▲▲▲△
21	München für Dummies	28,8 km/224 hm	2:30 h	▲▲▲▲△△	▲▲▲△△△	▲▲▲▲△△	▲▲▲▲△△

Münchener Osten

Nr.	Tour	Strecke	Fahrzeit	Fahrtechnik	Kondition	Fahrspaß	Landschaft
22	Taubenberg und Mangfalltal	35,5 km/693 hm	3:00 h	▲▲▲▲▲△	▲▲▲▲▲△	▲▲▲▲▲△	▲▲▲▲▲▲
23	Ebersberger Obelix-Trails	33,2 km/368 hm	2:30 h	▲▲▲▲▲△	▲▲▲▲△△	▲▲▲▲▲△	▲▲▲▲▲△
24	Steinsee und Ebersberger Trails	47,3 km/688 hm	3:30 h	▲▲▲▲▲△	▲▲▲▲▲△	▲▲▲▲▲△	▲▲▲▲▲△
25	Dörferrunde im Süden Grafings	39,4 km/669 hm	3:00 h	▲▲▲△△△	▲▲▲▲△△	▲▲▲△△△	▲▲▲▲▲△

Die „Sterntouren" – von S-Bahnhof zu S-Bahnhof

Nr.	Tour	Strecke	Fahrzeit	Fahrtechnik	Kondition	Fahrspaß	Landschaft
26	Sterntour Tierpark – Tölz	59,4 km/557 hm	4:30 h	▲▲▲▲△△	▲▲▲▲△△	▲▲▲▲▲△	▲▲▲▲▲△
27	Sterntour Tölz – Tierpark	55,3 km/565 hm	4:00 h	▲▲▲▲△△	▲▲▲▲△△	▲▲▲▲▲△	▲▲▲▲▲△
28	Fünfseen – Amper – Stern Teil 1	43,3 km/485 hm	3:30 h	▲▲▲▲▲△	▲▲▲▲▲△	▲▲▲▲▲△	▲▲▲▲▲△
29	Fünfseen – Amper – Stern Teil 2	36,4 km/316 hm	2:30 h	▲▲▲△△△	▲▲▲△△△	▲▲▲▲△△	▲▲▲▲△△
30	Fünfseen – Amper – Stern Teil 3	42,4 km/95 hm	3:00 h	▲▲▲△△△	▲▲▲△△△	▲▲▲▲▲△	▲▲▲▲▲△

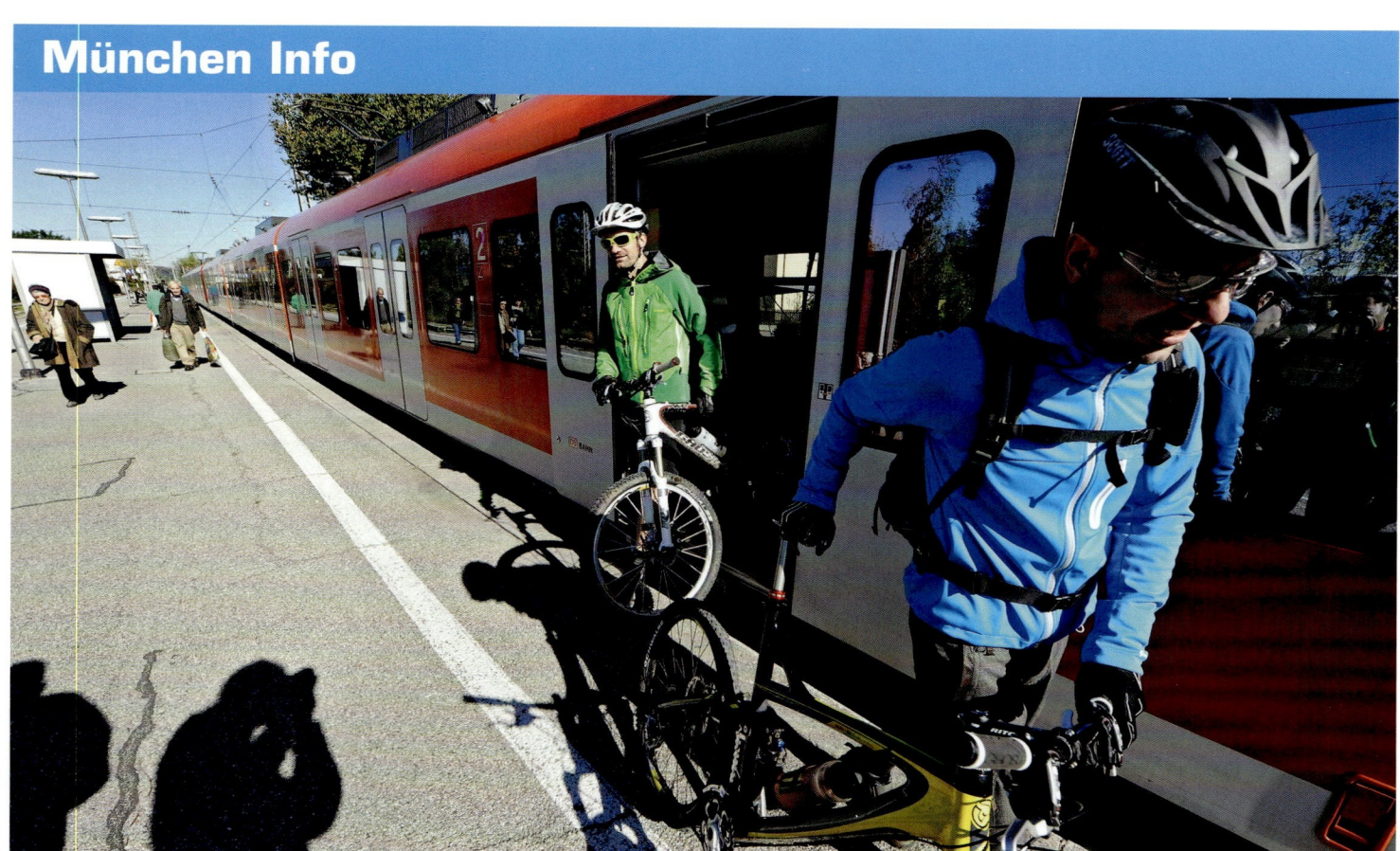

München Info

Das Prinzip dieses Buchs folgt zwei Prämissen. Erstens: Wenn ich als Münchener Autofahrer schon einmal einen Parkplatz habe, sollte ich ihn nicht ohne Not aufgeben. Zweitens: Bei dem vorhandenen Netz von öffentlichen Verkehrsmitteln besteht auch keinerlei Anlass dazu.

Konsequenterweise beginnt jede Tour in diesem BIKE-Guide an einem Bahnhof und endet auch wieder dort. Meist sind die Start- und die Zielpunkte der Touren identisch. Lediglich bei den letzten fünf Touren, von mir wenig prosaisch „Sterntouren" genannt, ist dies nicht der Fall. Dort beginnt man an dem einen S-Bahnhof, fährt eine attraktive Strecke und rollt schließlich entspannt auf einer anderen Bahnlinie wieder in die Stadt hinein. Wer sich auf diese Art der Tourenplanung einlässt, dem stehen angenehme Überraschungen bevor. Mir selbst wurde jedenfalls erst bei der Recherche zu diesem Buch wirklich klar, wie weit das S-Bahnnetz der Stadt München eigentlich reicht. Sternförmig führen die Linien in alle Himmelsrichtungen aus der Innenstadt heraus. Sie erschließen so ländliche Räume, die einen schier unerschöpflichen Tummelplatz für Biker bieten. Dabei ist man mit dem MVV meist noch nicht einmal langsamer als mit dem Auto – von den Kosten und der Entlastung der Umwelt einmal ganz zu schweigen. Klar ist aber auch, dass diese Behauptung uneingeschränkt nur für Bewohner der Innenstadt gilt. Wer wie ich an einem Zacken des MVV-Sterns wohnt und zu einem anderen Zacken kommen will, weiß, wie nervig sich das gestalten kann. Nun, das S-Bahn-Prinzip dieses Guides ist ein Vorschlag, kein Dogma. Infos zu Parkmöglichkeiten finden sich bei jeder Tour.

GEBIETSINFO

» TOURENZEIT Eingefleischte Münchener Biker machen die Wege rund um die Landeshauptstadt ganzjährig unsicher. Die weniger eingefleischten kommen meist Ende März aus ihren Löchern und motten das Bike im November wieder ein. Bedingt durch die Alpennähe und den Föhneinfluss kann die Saison aber mit Glück noch weit länger dauern: 2011 herrschten im März wie im November perfekte Tourenbedingungen.

» WETTER Über das Wetter redet man nicht, das Wetter erträgt man – als Münchener kann man sich über mangelnden Niederschlag meist nicht beschweren. Dies bedingt in Kombination mit dem Waldboden vieler Strecken, dass sich nicht jede Tour in diesem Guide jederzeit vernünftig fahren lässt. Wenn erfahrungsgemäß besondere Schlammschlachten drohen, wird in der Tourenbeschreibung jeweils darauf hingewiesen. Für diese Touren bitte eine Schönwetterphase abwarten.

» PROBLEME Viele stadtnahe Gebiete rund um München stehen unter Landschafts- oder gar Naturschutz. Dies gilt insbesondere für das Isartal. Bedingt durch die Stadtnähe und die Häufung von Bikern gibt es hier aktuell Probleme – es drohen konkret Trailsperrungen. Anlass sind unter anderem durch Biker extrem erodierte Wege, etwa südlich des Tierparks. Nochmals die Bitte: Meidet Trails, wenn sie in matschigem Zustand sind! Sie leiden dann durch die Befahrung mit Stollenreifen extrem und werden zu permanenten Schlammwüsten. Es liegt auch in unserer Hand, ob es tatsächlich zu Sperrungen kommt. Bitte verhaltet euch rücksichtsvoll!

» BIKE-SHOPS Lesen hilft. Die gelben Seiten sind voll davon. An Shops herrscht in München kein Mangel.

» MVV: TICKETS & CO Zu beachten sind vor allem die Sperrzeiten für die Fahrradmitnahme. Montags bis freitags von 6 bis 9 Uhr, sowie zwischen 16 und 18 Uhr. Verstöße werden wie Schwarzfahren geahndet. Als Einzelperson fährt man meist mit einer „München XXL"-Tageskarte (7,50 Euro) am besten. Zusätzlich muss eine Fahrrad-Tageskarte gelöst werden (2,50 Euro). Für Gruppen kommt am Wochenende ggf. das „Bayernticket" infrage. Das Bike kostet auch hier zusätzlich.

01 Freising – Kranzberg – Isar　　56,6 km　620 hm　4:30 h

Eine prima Runde fürs Konditionstraining: In einem stetigem Auf und Ab umrundet diese Tour den weitläufigen Moränenhügel zwischen dem Ampertal im Norden und der Isar. Wer fernab der Alpen Höhenmeter fressen will, ist hier goldrichtig.

An mangelnder Schönheit der Landschaft liegt es bestimmt nicht, dass nur eine Tour rund um Freising ihren Weg in dieses Buch fand. Auch das Wegenetz nördlich von Freising muss sich sicher nicht verstecken, wenn man hier auch lohnende Trails etwas mit der Lupe suchen muss. Jedoch lässt sich die fortwährende Geräuschkulisse der vom nahen FJS-Mausoleum startenden und landenden Flugzeuge unterwegs doch nie so ganz ausblenden. Das erhoffte Gefühl, gleichzeitig nahe der Großstadt und doch ganz weit draußen zu sein, will sich hier einfach nicht so richtig einstellen. Mag sein, dass ich einfach nur den falschen Tag erwischt habe, um dieses Revier zu erkunden. Den Widerstand der Bevölkerung gegen die geplante dritte Startbahn des Flughafens kann ich nach dieser Runde aber sehr gut nachvollziehen.

Den Moränenhügel hinter der altehrwürdigen Dom- und Universitätsstadt Freising aber ganz links liegen zu lassen, geht auch nicht. Denn egal ob Rennrad oder Mountainbike: Bei Freisinger Radsportlern ist der Kranzberg fürs Konditionstraining ebenso beliebt wie gefürchtet – Touren mit über 1000 Höhenmetern in ständigem Auf und Ab lassen sich hier geradezu nach Belieben kombinieren. Die hier beschriebene Tour spielt dieses Spiel nur zum Teil. Was für Locals recht ist, wäre in einem Bike-Guide mit Sicherheit nicht billig: Das zu einer solchen Tour gehörige Roadbook müsste man wohl auf eine Rolle Klopapier drucken ... Hier wechseln sich also eine Handvoll teils steiler Aufstiege mit gemütlichen Rollerpassagen über Rad-, Feld- und Waldwege ab – auch das ein prima Konditionstraining. Bei Badewetter ist diese Runde ebenso reizvoll, denn am Kranzberger See lässt es sich vortrefflich abhängen. Ein kurzer Abstecher führt in diesem Falle direkt nach Freising zurück, und verkürzt die Tour um gut die Hälfte der Strecke.

HÖHENPROFIL　　Asphalt 1,8 km　—　asphaltierter Radweg 23,0 km　—　Schotter 8,8 km　—　Waldweg 20,1 km　—　Trail 2,7 km　—　Schieben 0,2 km

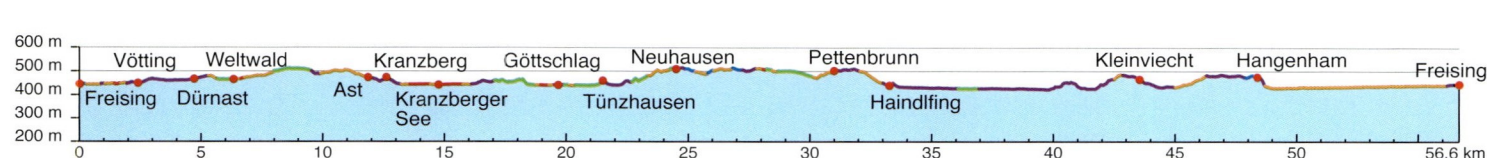

BEWERTUNG	MITTEL ▲
TECHNIK	▲△△△△
KONDITION	▲▲▲▲△
FAHRSPASS	▲▲△△△
LANDSCHAFT	▲▲▲△△

CHARAKTER Bedingt durch die zahlreichen, wenn auch nur kurzen Anstiege summiert sich diese Tour insgesamt doch zu einer konditionell mittelschweren Runde auf. Fahrtechnisch warten hier keinerlei Schwierigkeiten – die Tour ist daher auch von Einsteigern gut zu bewältigen.

TOURSTART Am Vorplatz des S-Bahnhofs Freising (S1).

PARKEN Drei große P+R-Parkplätze hinter dem Bahnhof, die allerdings oft besetzt sind. In der Altstadt finden sich mehrere, wenn auch kostenpflichtige Parkhäuser.

ABKÜRZER Wer einen längeren Badestopp am Kranzberger See einlegen möchte, kann die Tour danach um gut die Hälfte abkürzen. Wo die Strecke „offiziell" bei WP 92 links abbiegt, führt der Waldweg geradeaus direkt nach Freising zurück.

EINKEHR Seegarten am Kranzberger See. Danach liegen keine Biergärten oder Gasthöfe mehr direkt an der Strecke.

HINWEIS Vom Ammer-Amper-Radweg aus verlocken immer wieder Abzweige zu vermeintlichen Trailexkursionen am Fluss. Ich habe einige davon ausprobiert, aber keine lohnenden Trails gefunden. Die meisten Pfade versumpfen recht bald im Nirgendwo oder sind nur zu Fuß passierbar.

ROADBOOK

KM 0,0 Start am S-Bahnhof in Freising. Auf Nebenstraßen und geschotterten Radwegen durch den Ort und unterhalb des Weihenstephaner Bergs entlang.

2,38 Vötting. Über Nebenstraßen und Radweg nach Dürnast.

5,29 Dürnast. Hier auf Waldweg, dann über Forststraßen, Waldwege, kleine Trails und schließlich Feldwege nach Ast.

11,83 Ast. Auf geteerter Nebenstraße nach Kranzberg, dann durch den Ort zur Amperbrücke.

12,93 Amperbrücke Kranzberg. Kleine Pfade führen an der Amper entlang zum Kranzberger See und zurück zur Brücke.

16,36 Amperbrücke Kranzberg. Weiter über Feld- und Waldwege in Richtung Allershausen.

19,63 Göttschlag. Am Sportplatz schlängeln sich Feldwege an Fischteichen vorbei nach Tünzhausen.

21,47 Tünzhausen. Linkerhand für ein kurzes Stück auf dem Ammer-Amper-Radweg.

22,66 Steiler Waldweg führt hinauf in Richtung Neuhausen.

24,46 Neuhausen. Auf der hügeligen Hochebene des Kranzberg beginnt eine Passage aus Feld- und Waldwegen mit einigen geteerten Abschnitten.

28,92 Der Waldweg geradeaus führt von hier direkt nach Freising (s.o.). Weiterweg: links durch den Freisinger Forst.

30,95 Pettenbrunn. Ein kurzes Stück Teer, dann geht's auf einem schmalen Weg hinunter nach Haindlfing.

33,23 Haindlfing. Weiter über den Ammer-Amper-Radweg.

41,67 Noch einmal wird der Höhenrücken gequert, über Teer- und Feldwege geht's hinüber nach Hangenham.

48,33 Hangenham. Auf Schotter bergab zur Isar, dann auf dem geschotterten Isar-Radweg zurück nach Freising.

56,61 S-Bahnhof Freising. Ende der Tour.

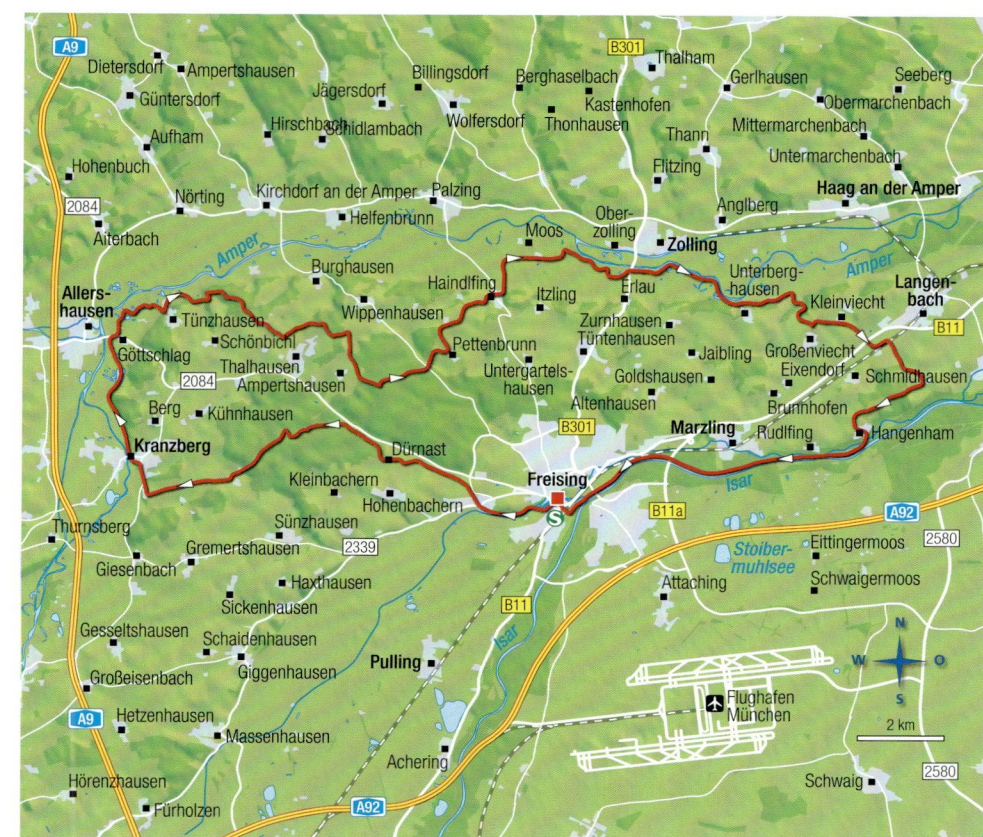

02 Von Dachau zum Schloss Haimhausen   32,2 km 147 hm 2:30 h

Flowige Singletrails in einer schönen Flusslandschaft, gemütliche Feldwege und schließlich ein uriger Biergarten sind die Zutaten für eine klasse Einsteigertour im Norden von Dachau. Genau die richtige Tour für einen entspannten Wochenend-Nachmittag.

Nehmen wir die schlechte Nachricht vorweg: Wer sich über die vielen kleinen Trails und netten Feldwege entlang der Amper von Dachau bis zum Schloss Haimhausen vorgearbeitet hat, erlebt eine herbe Enttäuschung. Kein uriger Schlossbiergarten, keine Besichtigung der spätbarocken Schlosskapelle. Hier gilt „nur anschauen, nicht anfassen!" Das Schloss Haimhausen ist nämlich im Privatbesitz der „Bavarian International School", einer veritablen Kaderschmiede für den Business-Nachwuchs. Macht aber nichts, denn das (Biergarten-)Kulturerlebnis wartet nur einige Kilometer weiter, an der Wallfahrtskirche Mariabrunn. Nicht nur wer an Zipperlein leidet, sollte die Trinkflasche am dortigen Brunnen füllen. Dem Wasser der Quelle werden Heilkräfte nachgesagt – der Überlieferung nach hat es schon der Kaiserin Sissi oder dem Baron Rothschild zumindest nicht geschadet.

Doch zurück zu unserer Tour, und damit zu den guten Nachrichten: Wie es der Amper zu eigen ist, warten im topfebenen Hinterland nördlich von Dachau keinerlei nennenswerte Anstiege. Zum Ausgleich sorgen hier viele flowige Trails ohne jede Tücke für ein ungetrübtes Landschaftserlebnis in dieser teils auenartigen Flusslandschaft. Nach dem Wendepunkt der Tour am Schloss Haimhausen führen hügelige Feldwege zur verdienten Einkehr in Mariabrunn. Wieder zurück im Flachland wartet der Weiterweg dann mit fahrtechnisch unspektakulären Feldwegen auf. Zum Ausgleich bieten sich hier immer wieder schöne Ausblicke – an schönen Tagen sogar bis zu den Alpen. Schließlich warten nochmals nette Trails bis zum Ortsrand von Dachau. Unter dem Strich eine sehr schön zu fahrende, abwechslungsreiche Einsteigertour.

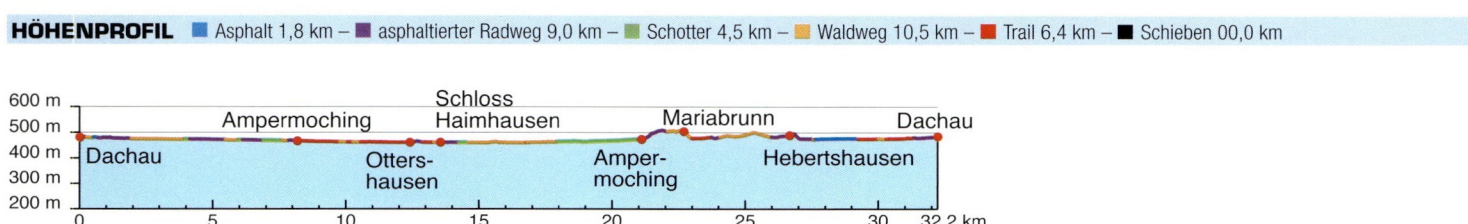

BEWERTUNG		LEICHT ▲
TECHNIK		▲▲△△△
KONDITION		▲▲△△△
FAHRSPASS		▲▲▲△△
LANDSCHAFT		▲▲▲△△

CHARAKTER Sehr schöne, konditionell wie fahrtechnisch leichte Tour entlang der Amper und im hügeligen Hinterland von Ampermoching. Die Trailpassagen entlang des Amperufers sind zwar oft sehr schmal, aber immer problemlos und sehr flowig zu fahren. Dadurch wird die Tour beileibe nicht nur für Einsteiger interessant, auch fahrtechnisch versierte Mountainbiker werden hier ihren Spaß haben.
TOURSTART Am S-Bahnhof Dachau (S2).
PARKEN Großer P+R-Parkplatz an der Ostseite des Bahnhofs.
KOMBINATIONSMÖGLICHKEITEN Eine Kombination mit Tour 3 durch den „Dachauer Amperdschungel" ist problemlos möglich. Allerdings bietet sich dann ein Start in Olching an.
EINKEHR Ein sehr uriger Biergarten wartet an der Wallfahrtskirche Mariabrunn, www.schlosswirtschaft-mariabrunn.de
HINWEIS Achtung, am Beginn des Trails zurück nach Dachau lauert kurz nach der Amperbrücke beim Durchschlupf durch einen Zaun ein Stacheldraht in Kopfhöhe. Bitte nicht hängen bleiben!

ROADBOOK

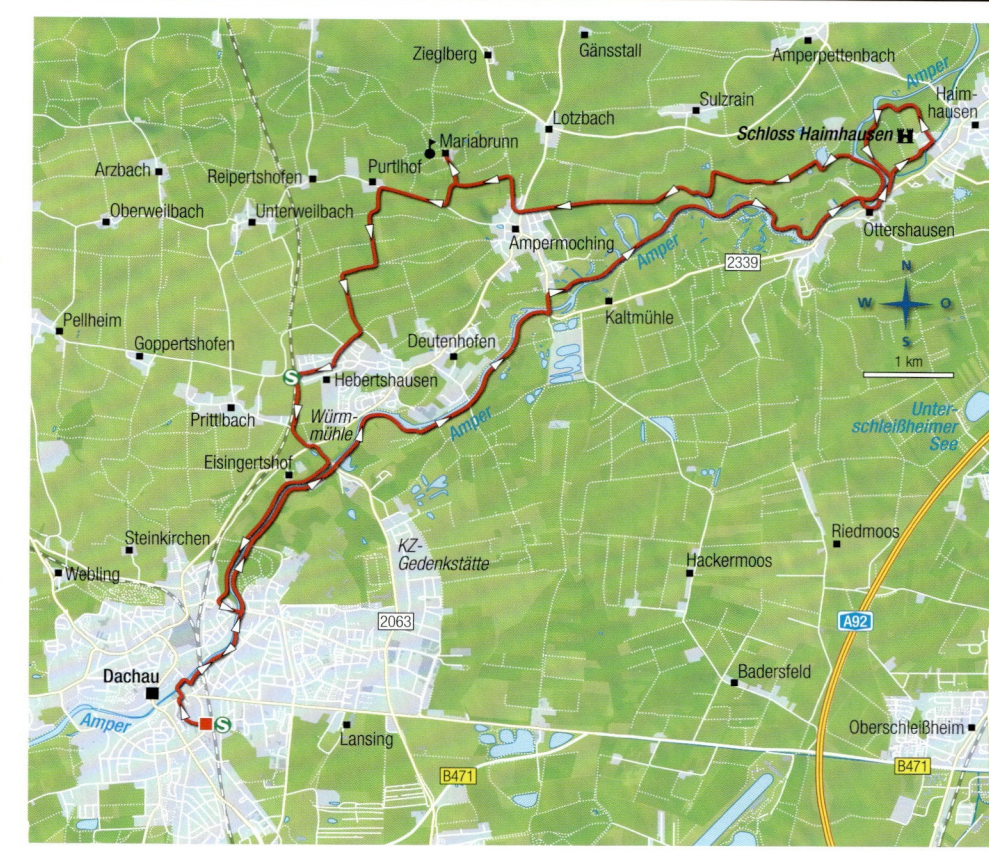

KM 0,0 Die Tour startet am S-Bahnhof Dachau. Über Fuß- und Nebenwege geht es immer der Beschilderung zur Altstadt folgend durch den Stadtpark zur Amper.

0,89 Die Route mündet in den Amper-Radweg und führt als geteerte Strecke immer an der Amper entlang.

1,93 Ortsrand Dachau. Weiter geht's in einem Wechsel von Feld- und Waldwegen stets an der Amper entlang bis an den Ortsrand von Ampermoching.

7,86 Ortsrand Ampermoching. Nach dem Wechsel der Flussseite beginnt nun eine längere Passage mit spaßigen Trails, die mit kurzen Intermezzi auf Feldwegen auf der linken Flussseite bis Ottershausen führen.

12,30 Amperwehr Ottershausen. Nach der Überquerung der Brücke rechts führt die Strecke zum Schloss Haimhausen. Bei einer kleinen Runde durch die Schlosswälder fallen hin und wieder mögliche Trailvarianten auf. Diese sind jedoch reichlich verwachsen und nahezu unpassierbar – besser man bleibt auf dem Hauptweg. Danach geht es für ein kurzes Stück auf der identischen Strecke des Hinwegs zurück bis zum Wehr.

15,94 Amperwehr Ottershausen. Nun geht es rechts auf einem netten Trail am Flussufer entlang. Hinter einer Brücke führt linkerhand ein schöner Waldweg an einem Amper-Nebenarm entlang bis zu einem Baggersee.

17,30 Feld- und Schotterwege führen durch die Ebene hinüber nach Ampermoching.

20,96 Ampermoching. Der Ort wird nur kurz berührt, dann führen Feldwege zum Kloster Mariabrunn.

22,35 Kloster Mariabrunn. Die Kirche ist ebenso sehenswert wie der Biergarten gemütlich ist. Einen längeren Stopp einzulegen lohnt hier in jedem Fall. Nach der Einkehr geht es weiter auf einem Feldweg zu einer kurzen Trailabfahrt. Am Fuß des Hügels folgt man der Teerstraße rechts zum Weiler Purtlhof, der bereits in Sichtweite liegt.

23,71 Purtlhof. Hier geht es links über Feldwege bis nach Hebertshausen. Von den Hügeln lässt sich ein schöner Blick in Richtung Dachau genießen – und zumindest bei klarem Wetter sogar über München hinweg bis zu den Alpen.

25,96 Hebertshausen. Zuerst geradeaus, dann rechtshaltend geht es durch den Ort in Richtung der Bahngleise (Rückseite S-Bahnhof). Am Ortsende beginnt ein Schotterweg, der am Bahngleis entlang führt und bald in eine geteerte Nebenstraße mündet. Das kurze Stück auf der viel befahrenen Bundesstraße zurück zur Amper lässt sich leider nicht umgehen – man folgt der Beschilderung zur KZ-Gedenkstätte.

27,81 Amperbrücke Dachau Nord. Rechts beginnt eine sehr schöne und längere Trailpassage am Amperufer. ACHTUNG Gefahrenstelle: Kurz hinter der Brücke ist beim Durchschlupf durch einen Zaun auf Kopfhöhe Stacheldraht gespannt.

29,96 Ortsrand Dachau. Hier geht es links über die Amperbrücke bis zum Kreuzungspunkt mit dem Hinweg. Der Rückweg zum S-Bahnhof erfolgt über die bereits bekannte Strecke.

32,19 S-Bahnhof Dachau. Ende der Tour.

03 Dachauer Amperdschungel — 26,9 km 133 hm 2:30 h

Entspannte Flowtrails durch die verwunschenen Auenwälder beiderseits der Amper garantieren einen spaßigen Nachmittag. Als einzige konditionelle Herausforderung wartet der Anstieg zum Dachauer Schloss. Verdammt steil – aber mit einem tollen Ausblick garniert!

Der Flussabschnitt zwischen Olching und Dachau firmiert im Volksmund nicht umsonst als „Amperdschungel". Tatsächlich haben sich die Auenwälder entlang des Flusses und seiner Totarme ihren ursprünglichen Charme bewahrt. Mountainbiker freuen sich über die vielen kleinen Trails, die sich teils verwinkelt und mit Wurzelpassagen, aber immer flowig und ohne große Schwierigkeiten durch den Dschungel schlängeln. Die Orientierung ist dabei nicht weiter schwierig. Allerdings verführen immer wieder weitere kleine Trails zum Abweichen von der hier beschriebenen Runde – hundert Meter weiter steht man dann an einem Totarm des Flusses: Deadend-Trail. Auch dieses Spielchen ist sicher vergnüglich. Ich habe es bis zum Exzess ausprobiert – die hier beschriebene Strecke scheint mir die logischste Option zu sein. Aber: check it out!

Während die Tour im Grunde völlig flach dahin verläuft, wartet als einzige konditionelle Herausforderung der doch reichlich steile Anstieg in der Altstadt von Dachau. Zumindest an klaren Tagen wird dieser aber mit einem weiten Blick bis nach München, und mit Glück sogar bis hinüber zu den Alpen belohnt. Auf dem Rückweg spielen die Trails auf der gegenüberliegenden Seite der Amper ihre Trümpfe aus. Zwischen Günding und Feldgeding warten noch einige Schmankerln – dann ist allerdings bald Schluss auf dieser Uferseite, denn die Trails werden bald unpassierbar. Ich habe es einigen Locals zuerst nicht geglaubt und mich beim Versuch reichlich eingesaut. Ab Feldgeding führt die Tour also auf dem schon bekannten Hinweg zurück nach Olching. Unterm Strich eine klasse, technisch leichte Tour mit hohem Spaßfaktor, die dem Einsteiger wie dem guten Trailfahrer Kurzweil garantiert!

HÖHENPROFIL 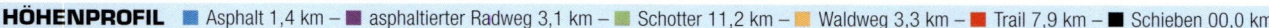 Asphalt 1,4 km – asphaltierter Radweg 3,1 km – Schotter 11,2 km – Waldweg 3,3 km – Trail 7,9 km – Schieben 00,0 km

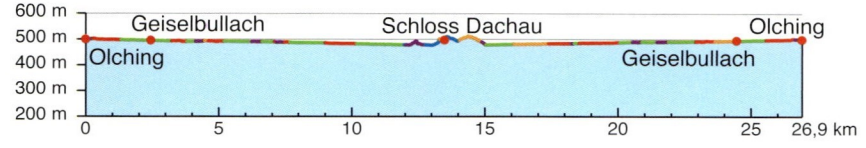

BEWERTUNG					**LEICHT** ▲
TECHNIK	▲	▲			
KONDITION	▲	▲			
FAHRSPASS	▲	▲	▲	▲	
LANDSCHAFT	▲	▲	▲	▲	

CHARAKTER Konditionell leichte Tour. Vom Anstieg zum Schloss Dachau einmal abgesehen, sorgen vor allem Brücken für (wenige) Höhenmeter in der Bilanz. Fahrtechnisch ist die Tour leicht bis maximal mittelschwer und bietet dabei viele flowige Trailpassagen.

TOURSTART Am S-Bahnhof Olching (S3).

PARKEN Beschränkte Parkmöglichkeiten auf der Südseite des Bahnhofs, auf der Nordseite befinden sich weitere Parkmöglichkeiten.

KOMBINATIONSMÖGLICHKEITEN Zur Verlängerung der Tour bietet sich die Kombination mit Tour 4 „Gröbenzeller Railway-Trails" an – dann allerdings besser mit Tourstart in Gröbenzell. Oder man hängt in Richtung Norden die Tour 2 „Von Dachau zum Schloss Haimhausen" an.

EINKEHR Verschiedene Biergärten in Dachau oder im Naturfreundehaus.

HINWEIS Der Trail unterhalb der Autobahnbrücke A8 ist bei Hochwasser nicht passierbar! Diese Stelle zu umfahren ist zudem kompliziert. In diesem Falle besser eine andere Tour auswählen.

ROADBOOK

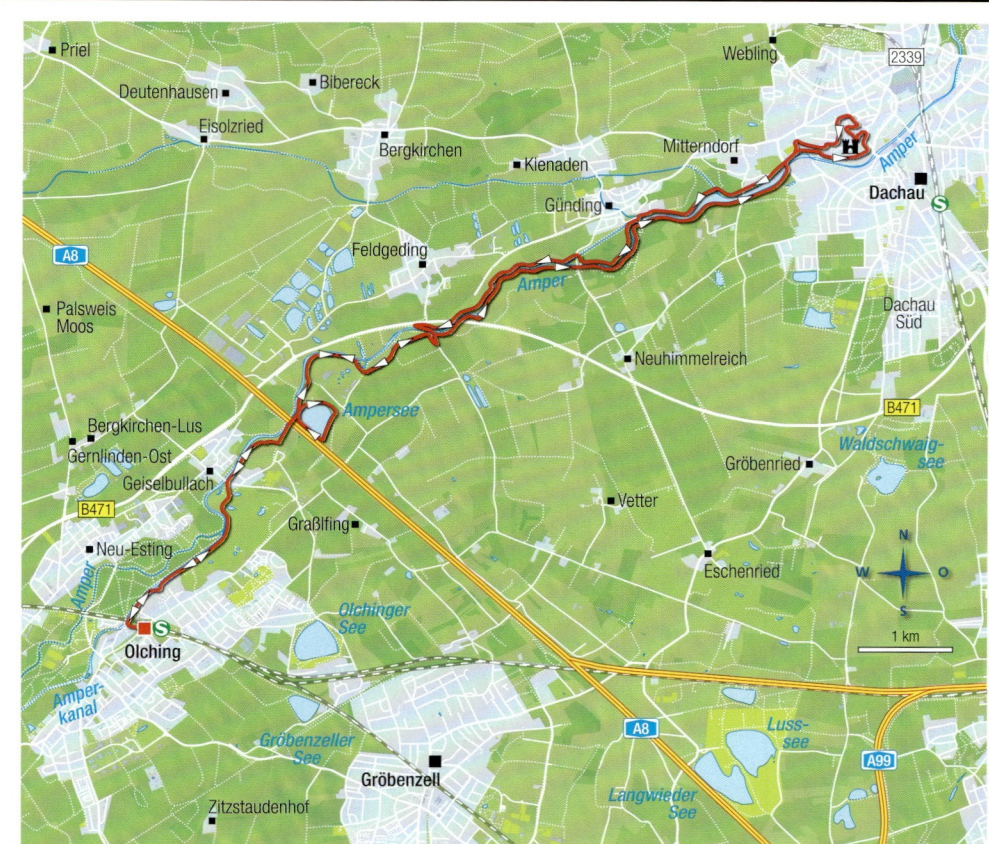

KM 0,0 Start: S-Bahnhof Olching. Richtung Süden blickend rechts die Hauptstraße queren und auf einem schmalen Fußweg bis zur Amper.

0,26 Nach Unterquerung der Eisenbahnbrücke beginnt ein Pfad, der stets haarscharf am Amperufer entlang führt.

1,34 Einmündung Schotterweg: diesem entlang des Golfplatzes bis Geiselbullach folgen.

2,45 Geiselbullach, Amperbrücke: Die Hauptstraße queren und weiter an der Amper entlang.

3,24 Über einen kleinen Steg in den Trail, der entlang des Campingplatzes zur Autobahnbrücke führt. ACHTUNG! Bei Hochwasser ist diese Unterführung unpassierbar!

3,66 Ampersee. Die Umrundung des Sees enthält zwei kurze, nette Trail-Passagen. Wieder am selben Punkt angekommen, geht es weiter auf einem Trail in Richtung der hübsch anzusehenden Müllverbrennungsanlage. Dieser Trail verläuft zum Ende hin am Rand eines Feldes und wird daher immer mal wieder untergepflügt – um sogleich als Trampelpfad wieder neu zu entstehen. Der Bauer ist also Kummer gewohnt ...

5,30 Einmündung Schotterweg, der bald als geteerter Radweg zur nächsten Amperbrücke und weiter zur Unterführung der B471 führt.

7,47 Der Radweg macht einen Knick, hier folgt man links dem Trail entlang des Amperufers. Hinter einer kleinen Brücke mündet der Trail in einen Feldweg. Parallel dazu verlocken kurze Trailpassagen zu kleinen Eskapaden.

9,11 Beim Wehr über die Amper beginnt eine Trailpassage, die schön verwinkelt am Fluss entlang durchs Unterholz führt. Sie ist spaßig zu fahren, nach Regenfällen aber etwas schlammig.

10,20 Der Trail mündet schließlich in den Uferweg entlang des Amperdamms: diesem geradeaus bis Dachau folgen.
12,79 Nach dem Wechsel der Uferseite endet der Radweg in Dachau. Ein Stück weiter beginnt links der Anstieg über den Karlsberg in die Dachauer Altstadt und hoch zum Schloss. Dort genießt man einen Blick nach München und bis in die Alpen. Einkehrtipp: der Schlossberg-Biergarten. Nach einer Schleife durch die Altstadt wieder zurück an die Amper.
15,05 An der Amper auf dem Schotterweg über den Damm bis zu einer Metallbrücke, die sich über einen Nebenarm spannt. Nach der Brücke wird der Weg schmaler.
17,08 Links über eine kleine Brücke auf den Privatweg Richtung Naturfreundehaus. Bitte rücksichtsvoll fahren!
17,43 Nach dem Naturfreundehaus über einen kleinen Steg zu einer Trailgabelung. Hier links am Ufer entlang. Es warten schöne Wurzelpassagen.
18,28 Der Trail mündet in einen Radweg: diesem kurz rechts folgen, nach der Überquerung des Amperkanals links die Teerstraße queren und auf eine Landzunge.
18,58 Am Ende der Landzunge führt ein schmaler Steg über den Nebenarm der Amper. Der Steg ist erst im letzten Moment sichtbar und führt direkt zu einer schönen Flowtrail-Passage.
20,56 Kurz nach der Unterquerung der Amperbrücke mündet der Weg ein in Teersträßchen: Hier rechts hoch zur Brücke und die Amper rechterhand überqueren.
20,91 Am Ende der Brücke rechts in den Radweg und der Strecke des Hinwegs folgend zurück nach Olching.
26,92 Ende der Tour an der S-Bahn in Olching.

04 Gröbenzeller Railway-Trails   26,2 km 120 hm 2:00 h

Schöne Trailpassagen an einer alten Bahnlinie und entlang der Amper sorgen unterwegs für viel Fahrspaß. Höhenmeter sind hier nicht gerade viele zu bewältigen. Doch drei kurze, knackige Anstiege treiben den Puls ordentlich in die Höhe.

Von dem wenig beeindruckenden Höhenprofil dieser Tour sollte man sich nicht einlullen lassen – für Schweißvergießen ist auf dieser Runde gesorgt! Schon der Einstieg zu den Trails entlang der stillgelegten Bahnstrecke in Richtung Emmering treibt den Puls ordentlich in die Höhe. Nicht einmal zehn Höhenmeter sind hier zu überwinden, diese aber verlaufen hart an der Grenze zur Uphill-Fahrbarkeit (zumindest an meiner)! Oben angekommen, führt die Strecke dann wieder praktisch eben dahin, doch es lauert noch ein zweiter Schnapper. Bis sich der Puls wieder beruhigt, dauert es ohnehin. Denn wenn man sich von dem groben Schotterbett der alten Bahnstrecke nicht die Plomben aus den Zähnen rütteln lassen will, gilt die Devise: „Kette rechts und Vollgas!" – aber mit Bedacht bitteschön, denn hier sind auch Fußgänger unterwegs (von Waldis Tretminen einmal abgesehen). Am Gut Roggenstein bei Eichenau taucht bald der dritte sakrisch steile Anstieg auf, gefolgt von einer genussreichen Schleife durch die Emmeringer Leite nach Fürstenfeldbruck. Hier warten schöne Waldwege und zum Schluss hin auch ein kurzer, aber netter Singletrail entlang der Wall-Anlagen einer nicht mehr existenten Burg. In „Bruck" selbst sind die Wege durch den Stadtpark leider für Radler tabu – ein kleiner Umweg durch den Ortskern von Emmering führt aber bald wieder zur Amper zurück. Am Emmeringer Sportplatz beginnt dann eine lange Abfolge aus Trails und Waldwegen die sich immer flowig und sehr spaßig am Amperufer entlang bis hinüber nach Olching schlängeln. Nun fehlen nur noch zwei nette Trails am Gröbenzeller See und entlang der S-Bahntrasse, dann ist diese gelungene Runde geschlossen.

HÖHENPROFIL  Asphalt 1,6 km – asphaltierter Radweg 6,9 km – Schotter 2,7 km – Waldweg 8,2 km – Trail 6,7 km – Schieben 00,0 km

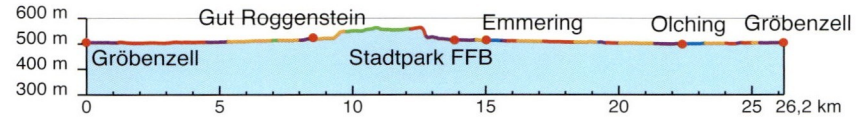

BEWERTUNG					**LEICHT** ▲
TECHNIK	▲	▲	△	△	△
KONDITION	▲	▲	△	△	△
FAHRSPASS	▲	▲	▲	▲	△
LANDSCHAFT	▲	▲	▲	▲	△

CHARAKTER Diese schöne Trailtour stellt keine großen Schwierigkeiten in den Weg. Lediglich drei kurze, aber sehr steile Trailanstiege verlangen eine gute Uphill-Fahrtechnik. Der einzige etwas schwierigere Downhill-Trail kurz vor Fürstenfeldbruck lässt sich bei Bedarf problemlos umfahren. In Sachen Kondition lässt das Streckenprofil auf eine sehr leichte Tour schließen, jedoch kostet der grobe Untergrund der Trails entlang der alten Bahnstrecke viel Kraft.

TOURSTART Am S-Bahnhof Gröbenzell (S3).

PARKEN Beschränkte Parkmöglichkeiten an der Nordseite des Bahnhofs.

KOMBINATIONSMÖGLICHKEITEN Wer in Sachen Ampertrails auf den Geschmack gekommen ist, kann den Spaß über Tour 3 „Dachauer Amperdschungel" noch um eine sehr schöne Schleife über Dachau verlängern.

EINKEHR Wirtshaus „Hexe" an der S-Bahn Gröbenzell, eine alte Kultkneipe mit dazugehörigem Biergarten.

HINWEIS Bitte Vorsicht, auf der Tour werden zweimal Bahngleise gequert – und hier verkehren nach wie vor Züge!

ROADBOOK

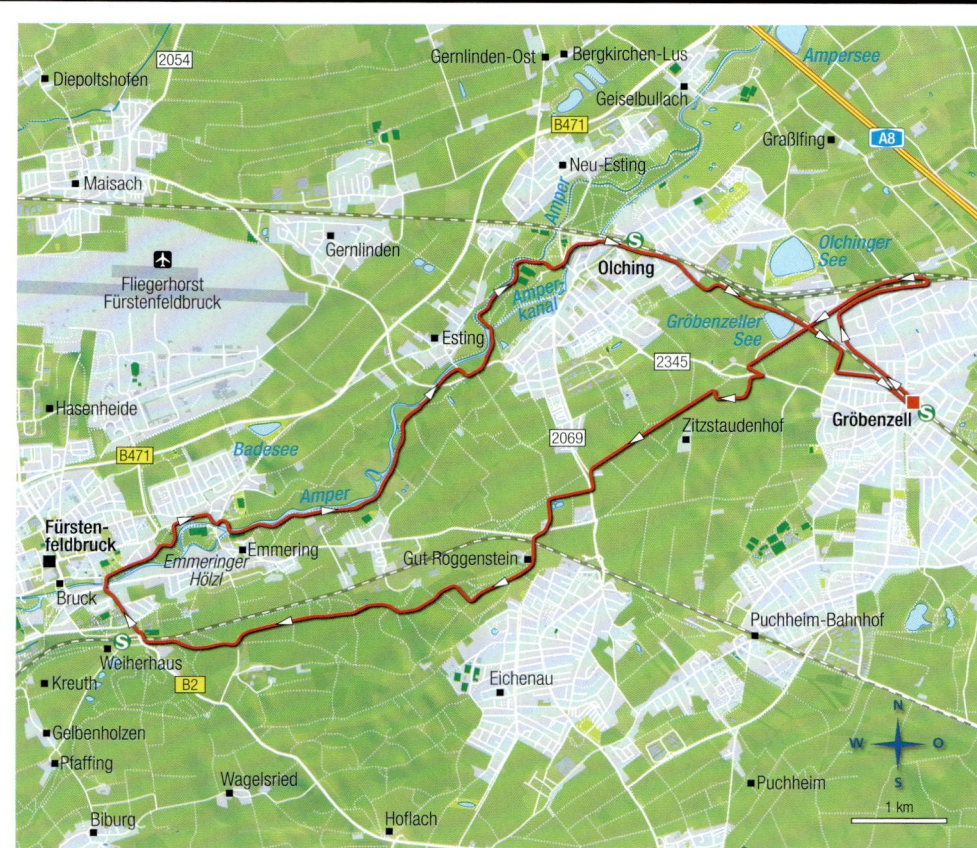

KM 0,0 S-Bahnhof Gröbenzell, auf Nebenstraßen geht es entlang der Bahnlinie zum nördlichen Ortsrand.

1,22 Bei der Unterführung in Richtung Olchinger See beginnt eine lange Singletrailpassage entlang der stillgelegten Bahntrasse Gröbenzell-Eichenau. Hier geht es zuerst nach rechts bis die Trails enden, dann wechselt man über die aktuelle Bahntrasse (Achtung Züge!) hinüber auf einen weiteren stillgelegten Bahndamm. Die ehemalige Eisenbahnbrücke dort ist nicht mehr existent. Hier also kurz hinunter zum Gleis (Achtung Züge!), und gegenüber wieder sehr steil bergauf.

4,54 An der Straße Gröbenzell-Olching ist die Bahntrasse unterbrochen, das fehlende Stück wird auf Radwegen umgangen.

5,44 Weiter auf der alten Bahntrasse.

8,52 Gut Roggenstein. Weiter auf Waldwegen über die Moränenhügel der Emmeringer Leite.

12,18 Singletrail-Passage im Wald (600 Meter). Sehr nett, aber am Ende geht es kurz steil nach unten. Nach Regenfällen ist diese Passage zudem teils schlammig. Alternative: Abzweig ignorieren und weiter auf Schotterweg bergab.

13,11 Einmündung in die Hauptstraße bei der S-Bahn Fürstenfeldbruck, hier rechts auf Radweg FFB durchqueren.

13,83 Abzweig Emmeringer Straße von Hauptstraße FFB. Hier geradeaus auf Fußgängerbrücke die Amper überqueren.

14,51 Stadtpark FFB. Die Wege entlang der Amper sind leider für Bikes gesperrt. Hier geradeaus, und schließlich auf der Hauptstraße den Ortskern von Emmering durchqueren.

15,82 Beim Sportplatz Emmering beginnt eine lange Passage aus Trails und Waldwegen, die sich kurzweilig an der Ammer entlang bis Esting schlängeln.

19,23 Einmündung in die Teerstraße bei der Amperbrücke

Esting. Hier geht es kurz rechts auf den Radweg parallel zur Landstraße in Richtung Olching.

19,55 Links zweigt ein Fußweg zur Amper ab. Danach überquert man das Wehr über den Amperkanal und fährt linkerhand auf einem Schotterweg an der Amper entlang.

21,34 Am Festplatz Olching geht es rechts zum Amperkanal und entlang des linken Kanalufers nach Norden.

22,08 Vor der Eisenbahnbrücke rechts über die Brücke, weiter zum S-Bahnhof Olching und auf der Bahnhofstraße entlang der Gleise zum Ortsrand.

23,24 Am Ortsrand von Olching auf Feldwegen links zur S-Bahntrasse und dort auf Trail entlang des Gröbenzeller Sees. Weiter parallel zur Bahntrasse führt dann ein Wechsel aus Feldwegen und Trails zum Ortsrand von Gröbenzell.

25,27 Ortsrand Gröbenzell. Eine wenig befahrene Nebenstraße führt durch Wohngebiet und bald parallel zu den Bahngleisen zum S-Bahnhof.

26,16 S-Bahnhof Gröbenzell. Ende der Tour.

05 Bruck – Jexhof – Ammersee — 51,1 km 531 hm 4:00 h

Ob Bauernhof, Biergarten oder Badesee: Sich auf dieser Runde im Brucker Süden Zeit für ein paar Zwischenstopps zu nehmen, lohnt auf jeden Fall. Unterwegs lassen sich als „Überbrückung" zwar einige Teerpassagen nicht vermeiden, doch zum Ausgleich warten nette Trails.

Schon klar, Ex-Kanzler Kohl meinte etwas anderes, als er über die „Gnade der späten Geburt" schwadronierte. Doch wer sich auf dieser Tour die Zeit nimmt, das Bauernhofmuseum Jexhof zu besuchen, wird froh sein, im 21. Jahrhundert zu leben. Das ehemalige Bauernhaus wurde im Jahre 1775 erbaut – ein Besuch offenbart hautnah, welche Schinderei das Bauernleben vor ein- oder zweihundert Jahren gewesen sein muss.

Ein Glück, dass das Attribut „Schinderei" wenigstens nicht für unsere Tour passt. Im Gegenteil: Diese Strecke im Hinterland von Fürstenfeldbruck ist eine echte, wenn auch nicht gerade kurze Genussrunde. Die Strecke verläuft hauptsächlich auf Wald- und Feldwegen. Zum Ausgleich für manche Teerpassage sind der Kurzweil halber aber auch einige nette Trails eingestreut.

Schon nach dem Start dauert es nicht lange, bis der Brucker Trimm-dich-Pfad den Puls anleiert. Schön warmgefahren folgt eine verwinkelte Trailpassage, dann führen breite Schotterwege zum ersten Zwischenziel, dem besagten Jexhof. Der Weiterweg zum Wörthsee ist unspektakulär, doch dafür schnell bewältigt, und bald ist man auch schon am Ammersee angelangt. Wer hier keine Lust auf ein Bad hat, dem sagt vielleicht der nette Biergarten am Seeufer zu. Obwohl wir uns hier an der „Amperquelle" befinden (keine Ahnung warum, aber die Ammer fließt als „Amper" wieder aus dem Ammersee raus), braucht man bis zu den ersten Ampertrails noch etwas Geduld. Die Flussufer sind bis Grafrath Naturschutzgebiet und wegloses Gelände. Doch der Weg durch die Amperschlucht und entlang der Amperleite zurück nach Fürstenfeldbruck bietet noch Kurzweil genug.

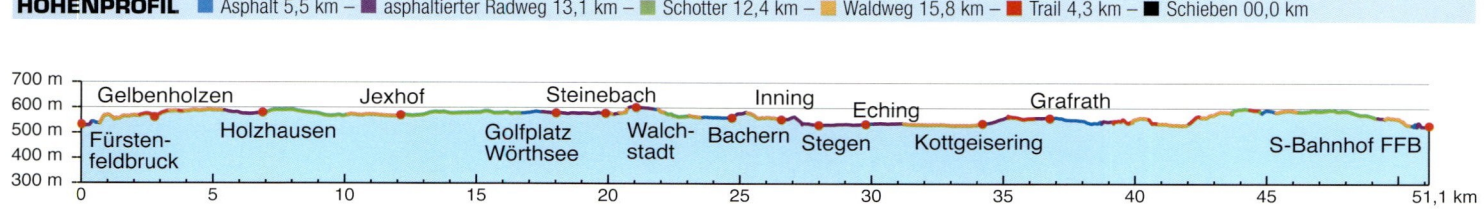

HÖHENPROFIL ■ Asphalt 5,5 km – ■ asphaltierter Radweg 13,1 km – ■ Schotter 12,4 km – ■ Waldweg 15,8 km – ■ Trail 4,3 km – ■ Schieben 00,0 km

BEWERTUNG	MITTEL ▲
TECHNIK	▲▲▲△△
KONDITION	▲▲▲▲△
FAHRSPASS	▲▲▲△△
LANDSCHAFT	▲▲▲▲△

CHARAKTER Der erste wirklich steile Anstieg dieser Tour lässt auf sich warten. Dann aber, namentlich in der Amperschlucht und hinauf zur Amperleite, kommen gleich ein paar „Biester" hintereinander. Die Anstiege sind alle nicht lang, aber mit 40 Kilometern in den Beinen bekommt man hier doch wenig geschenkt. Fahrtechnisch stellt die Runde keine allzu großen Anforderungen. Die Handvoll Trailpassagen sind zwar zum Teil auch etwas steiler, jedoch gut zu bewältigen.

TOURSTART Am S-Bahnhof Fürstenfeldbruck.

PARKEN Großer P+R-Parkplatz am Bahnhof.

KOMBINATIONSMÖGLICHKEITEN Die Kombination mit Tour 6 „Kurzer Wörthseeloop" bietet sich an und erhöht den Schwierigkeitsgrad der Runde nur geringfügig.

EINKEHR Biergarten Stegen am Ammersee.

HINWEIS Der Flussabschnitt bis Grafrath ist Naturschutzgebiet. Im Frühjahr herrscht wegen der Vogelbrut absolutes Betretungsverbot. Bitte auch sonst die Wege nicht verlassen!

ROADBOOK

KM 0,0 Start am S-Bahnhof Fürstenfeldbruck. Nach einem kurzen Stück Radweg fädelt die Tour in den Trimm-dich-Pfad ein. Dort beginnt eine schöne Passage mit Waldtrails durch die Amperleite. Der zweite Trailabschnitt ist leicht zu verpassen, hier einfach am Waldrand Augen auf und links.

3,91 Ende der Trailpassage. Es geht weiter auf Forst- und Feldwegen und schließlich auch mit einem Stück auf geteerter Straße bis nach Holzhausen.

6,87 Holzhausen. Von hier führen breite Forstwege durch das Grafrather Holz zum Jexhof. Stichwort „Waldautobahn".

12,10 Bauernhofmuseum Jexhof. Ein Besuch des Museums lohnt, auch die wechselnden Ausstellungen sind interessant. Danach geht es weiter auf immer breiten Forstwegen bis zur Lindauer Autobahn.

16,72 Autobahn A96 München–Lindau. Es folgt eine Passage auf geteerten Nebenwegen durch den Golfplatz Wörthsee hinüber nach Steinebach.

20,09 Schule Steinebach. Hier führen kleine Waldwege durch den Forst hinüber nach Walchstadt.

21,87 Am Ortsende von Walchstadt beginnt eine Schleife auf Waldwegen durch das Osterholz. Nach Regenfällen sind diese Passagen allerdings teils schlammig! Weiter auf der Straße nach Bachern.

24,66 Bachern. Durch den Ort bergauf, dann über einen netten Trail und Feldwege nach Inning. Dort geht's durch den Ort bergab bis zum Ufer des Ammersees und dort rechts zum Schiffsanlegeplatz in Stegen.

27,95 Stegen. Einkehrmöglichkeit in einem schönen Biergarten direkt am Ammersee. Weiter geht es über teils geschotterte, teils geteerte Radwege nach Kottgeisering. Dort wartet eine

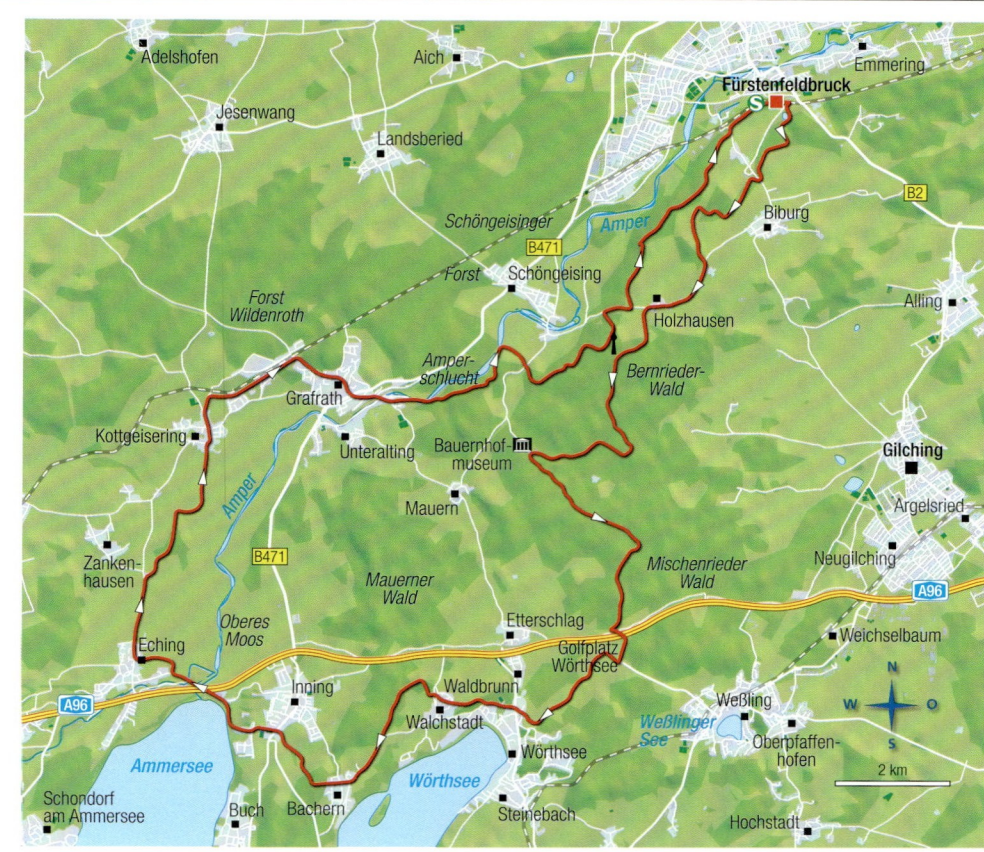

nette Trailpassage entlang der Bahnlinie nach Grafrath. Der Ort wird auf der Hauptstraße durchquert. Nach der Amperbrücke geht es kurz bergauf und dann links zur Kläranlage.

39,12 Kläranlage Grafrath. Die Querung der Amperschlucht hält schöne Singletrails, aber auch steile Anstiege parat. Achtung: Vor Beginn des steilsten Anstieges biegt links ein Trail in Richtung Amper ab. In GPS-Karten ist dieser durchgängig verzeichnet, was ich aber hiermit ins Land der Legende verweise. Hier also steil bergauf!

42,00 Sportplatz Schöngeising. Noch vor dem Ort quert die Strecke zum Moränenhügel der Amperleite. Gleich nach der Kreuzung mit der Straße zum Jexhof beginnt eine lange Passage, die vorwiegend auf Waldwegen, aber auch mit einigen netten Singletrail-Passagen in Richtung Fürstenfeldbruck leitet.

49,18 Kreuzung mit Straße Gelbenholzen/Fürstenfeld. Hier beginnt ein Wanderweg, der am Waldrand entlang oberhalb der Klosterkirche in Richtung Fürstenfeldbruck leitet. Hier bitte sehr rücksichtsvoll fahren! Wenn viele Fußgänger unterwegs sind, bitte über die Teerstraße nach Fürstenfeld abfahren.

51,12 Ende der Tour am S-Bahnhof Fürstenfeldbruck.

06 Kurzer Wörthseeloop 17,6 km 247 hm 1:30 h

Für einen Tagesausflug ist diese Runde sicher zu kurz. Doch wer nicht nur Meter abspulen will, sondern eine Biketour auch ganz gern mal mit einer Badepause aufhübscht, der ist hier richtig. Und so ganz nebenbei warten unterwegs auch einige sehr lohnende Trails.

Kurz, aber knackig. So ließe sich diese Tour vielleicht am besten beschreiben. Zugegeben, für einen Tagesausflug ist diese Runde auch deutlich zu kurz. Einfach nur wegen dieser Strecke die Anfahrt nach Steinebach auf sich zu nehmen, wäre sicherlich etwas mit Kanonen auf Spatzen geschossen. Doch wer am Wochenende gerne mal dem Spätaufstehen frönt, oder wer eine chillige Badepause auf Tour allgemein für eine gute Idee hält, für den ist diese Runde perfekt! Dies umso mehr, als man ihr bei aller Kürze durchaus das Label „abwechslungsreich" anheften könnte. Schon kurz hinter dem Bahnhof in Steinebach wartet ein nettes Trailschmankerl im Buchenwald. Es folgte eine entspannte Passage auf Feldwegen, bevor die Strecke endlich am Ufer des Wörthsees einfädelt. Besagter Weg führt zum Campingplatz Sieber, ist allerdings sehr schmal – sollten hier viele Fußgänger unterwegs sein, dann das Bike bitte schieben.

Wenig später führt die Strecke am Erholungsgebiet Oberndorf vorbei – zumindest an schönen Tagen gehört hier ein Bade-Intermezzo zum Pflichtprogramm. Es ist dies schließlich einer der schönsten Badeplätze im Fünfseenland. Zwei große Stege führen dort weit hinaus in das klare, türkis schimmernde Wasser.

In Sachen Tourtaktik wäre es vielleicht günstiger, wenn dieser Badeplatz später auf der Tour käme. Denn nach Regenfällen kann sich die Waldpassage nach Bachern ganz gerne auch mal schlammig präsentieren – und wann ist es bei uns schon mal so richtig trocken? Aber zum Glück währt der Baz nur kurz. Zum Abschluss der Tour trösten oberhalb des Ortsrandes von Steinebach noch einige wirklich lohnende Trails über die Schlammspritzer an den Waden hinweg.

HÖHENPROFIL  Asphalt 1,2 km – asphaltierter Radweg 4,3 km – Schotter 3,0 km – Waldweg 5,0 km – Trail 3,6 km – Schieben 0,5 km

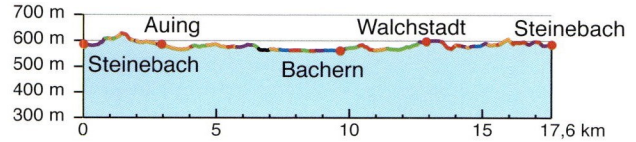

BEWERTUNG	MITTEL ▲
TECHNIK	▲▲▲▲▲
KONDITION	▲▲▲▲▲
FAHRSPASS	▲▲▲▲▲
LANDSCHAFT	▲▲▲▲▲

CHARAKTER Die Tour ist kurz, und daher in Sachen Kondition leicht bis höchstens mittelschwer. Allerdings sind manch steile Aufstiege unterwegs doch teilweise fordernd und treiben den Puls nach oben. Auch in Sachen Fahrtechnik hält sich der Anspruch in Grenzen, die Trails sind sehr flowig und daher auch für Einsteiger gut zu bewältigen.
TOURSTART Am S-Bahnhof Steinebach am Wörthsee (S8).
PARKEN P+R-Parkplatz am Bahnhof.
KOMBINATIONSMÖGLICHKEITEN Die Runde ist gut denkbar als Erweiterung von Tour 5 „Bruck–Jexhof–Ammersee", aber auch mit Tour 7 „Andechser Holy Trails" kombinierbar. In letzterem Fall startet man in Steinebach und fährt über Buch–Herrsching–Andechs–Seefeld–Bachern nach Steinebach zurück.
EINKEHR „Adria Grill" am Campingplatz Sieber oder Kiosk im Erholungsgebiet Oberndorf – hier gibt's gleichzeitig auch perfekte Bademöglichkeiten!

ROADBOOK

KM 0,0 S-Bahnhof Steinebach am Wörthsee. Auf Teer Richtung Wald, dann über die Eisenbahnbrücke und sofort danach links auf Forstwegen in den Wald.

1,44 Auf einem Gratrücken im Wald fädelt der Weg in eine sehr schöne Trailpassage ein. Hier zuerst aufwärts zu einem bewaldeten „Gipfel" und dann sehr flowig bergab.

1,95 Der Trail mündet in eine Teerstraße, hier kurz links und sofort rechts auf einen Feldweg, der Richtung Auing führt.

2,79 Kurz vor Auing wird nochmals kurz Teer berührt. Noch vor dem Ortsschild beginnt aber linkerhand eine längere Passage mit Feld- und Waldwegen hinüber zum Wörthsee.

5,76 Campingplatz Wörthsee. Kurz geradeaus, dann rechts in ein Wohngebiet hinein und zum See hinunter. Hier Fußweg, wenn Fußgänger unterwegs sind, bitte schieben!

7,04 Campingplatz Sieber. Einkehrmöglichkeit in der Gaststätte, kostenpflichtiges Strandbad. Hier rechts durch den Campingplatz und über die Wiese. Dann kurz auf der Hauptstraße geradeaus.

7,75 Rechts Abzweig ins Erholungsgebiet Oberndorf. Einkehrmöglichkeit beim Kiosk mit Terrasse, sehr schöne Bademöglichkeit. Am Ende wartet ein kurzer, aber schöner Trail, dann auf Teer in den Ortskern von Bachern.

9,64 Bachern. Kurz nach der Brücke links bergauf zu einem Gestüt, dort geradeaus auf Schotterweg zum Wald.

10,35 Kurz vor dem Waldrand biegt rechts ein Trail ab und führt zuerst an der Koppel entlang bergauf. Oben links haltend auf Trail am Waldrand bergab.

10,75 Kurz vor der Einmündung in die Hauptstraße führt links ein Trail in den Wald (Beginn leicht zu übersehen). Über zwei Kreuzungen läuft dieser geradeaus als Waldweg weiter.

11,43 Einmündung in einen Forstweg. Hier geht es rechts und in einer großen Runde um ein Feuchtgebiet hinüber zum Ortseingang von Walchstadt. Der Ort wird auf kleinen Wohnstraßen durchquert.

13,46 Am Ortsende von Walchstadt beginnt eine sehr schöne Trailpassage durch den Wald. Dort geht es zuerst sehr flowig bergab, bis man den Ortsrand von Steinebach erreicht. Hier sofort wieder links auf einen Trail in den Wald – es wartet eine kurze, aber knackige Steigung. Wieder auf der Höhe, folgt man dem Waldweg rechts bis zur Straße.

14,41 Schule am Ortsrand von Steinebach. Nun auf Teer durch den Ort zum Friedhof und hier bergab.

15,47 Am Ortsrand zweigt zu Beginn des starken Gefälles linkerhand ein Waldweg ab. Dieser führt zu einer sehr schönen Passage aus Waldwegen und Trails, auf der man den Burgstafelberg erreicht. Auf dieser alten Wallanlage bieten sich durch die „Waldfenster" hindurch schöne Blicke auf den See!

16,69 Der Trail endet in einem Wohngebiet, das auf geteerten Nebenstraßen durchquert wird.

17,01 Am Ende des Wohngebiets führt nochmals ein sehr schöner Trail durch den Wald. Danach fehlt nur noch eine kurze Abfahrt durch eine Gasse zum S-Bahnhof.

17,59 S-Bahnhof Wörthsee. Ende der Tour.

07 Andechser Holy Trails — 38,3 km 468 hm 3:30 h

Alles andere als leicht, aber doch sehr genüsslich: Diese Runde kombiniert einige der besten Trails des Fünfseenlandes! Allerdings führt sie zum Teil auch über Wege, die häufig von Fußgängern frequentiert werden. Hier ist bitte eine sehr defensive Fahrweise angesagt.

Als eine der schönsten Touren in diesem Buch gehört diese Runde über das Kloster Andechs und entlang des Ammersees gleichzeitig zu denjenigen mit dem höchsten Konfliktpotenzial. Kein Wunder, zählen doch der „Heilige Berg" Andechs wie auch der Ammersee selbst zu den beliebtesten Ausflugszielen der Region. Wer für diese Runde den falschen Tag erwischt, darf sich nicht wundern, wenn der Trailgenuss nicht wirklich flowig ausfällt. Besonders die Wege rund um das Kloster sind dann sehr stark von Fußgängern frequentiert. Und da es sich hier meist um echte „Singletrails" handelt, sind die Möglichkeiten zum Ausweichen dementsprechend begrenzt. Gleiches gilt für die Passage am Ammersee: Hier geht es sehr verwinkelt am Ufer entlang, wenn auch die Strecke übersichtlich genug ist, um keine Crashs zu provozieren. Nun wäre dies eigentlich ein Grund, diese Runde nicht zu veröffentlichen. Allerdings finden sich sämtliche Abschnitte davon schon seit Jahren im Internet, daher wird diese Tour ohnehin schon häufig gefahren. Mit Umsicht, defensiver Fahrweise und der Bereitschaft, an sensiblen Stellen auch einmal ein Stück weit zu schieben, sollte man hier als Mountainbiker also weiterhin eine Duldung erwarten können. Mithin meine Bitte: Diese Runde möglichst nicht an Wochenenden mit schönem Wetter befahren und frühzeitig aufbrechen.

Wer diese Punkte beherzigt, deeskaliert nicht nur von vorn herein, sondern freut sich über kilometerlange, verwinkelte Wurzeltrails, fordernde Anstiege und weite Ausblicke über das Alpenvorland. Es warten urbayerische Biergärten, ein erhabenes Kloster und tolle Bademöglichkeiten am wohl schönsten See des Fünfseenlandes. Oder kurz gesagt: Es wartet eine Supertour!

HÖHENPROFIL ▬ Asphalt 1,9 km – ▬ asphaltierter Radweg 5,9 km – ▬ Schotter 4,0 km – ▬ Waldweg 14,2 km – ▬ Trail 10,9 km – ▬ Schieben 1,4 km

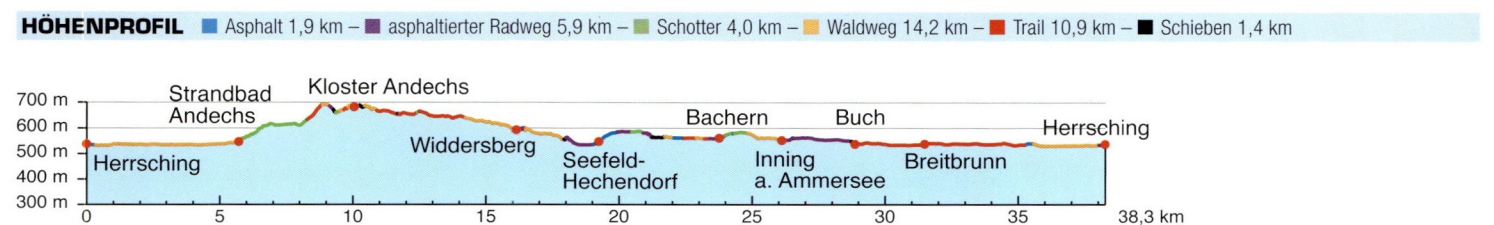

BEWERTUNG	MITTEL ▲
TECHNIK	▲▲▲▲△
KONDITION	▲▲▲▲△
FAHRSPASS	▲▲▲▲△
LANDSCHAFT	▲▲▲▲▲

CHARAKTER Konditionell insgesamt mittelschwere Tour. Der Anstieg nach Erling steigert sich jedoch immer mehr, will heißen: Nach dem eher gemütlichen Beginn auf einer Forststraße wartet zum Ende hin ein immer steiler werdender Trail, der viele Körner und auch einiges an Fahrtechnik fordert. Auf der restlichen Tour stellen einige Wurzelpassagen die Fahrtechnik auf manche Probe, wirklich schwierige Abschnitte sind hier aber nicht zu erwarten.

TOURSTART Am S-Bahnhof Herrsching (S6).

PARKEN P+R-Parkplatz am Bahnhof.

EINKEHR Verschiedene Biergärten am Kloster Andechs (unbedingt ein Fahrradschloss mitnehmen!), Schlossgasthof im Schloss Seefeld.

HINWEIS Viele Abschnitte der Tour sind von Fußgängern häufig frequentiert. Diese Tour daher am Wochenende möglichst meiden. Grundsätzlich bitte sehr defensiv und rücksichtsvoll verhalten!

ROADBOOK

KM 0,0 Bahnhofsvorplatz Herrsching. Durch den Ort zur Anlegestelle, dann am Ammerseeufer entlang.

1,23 Ein schöner Schotterweg führt immer am Ammerseeufer entlang nach Süden.

5,71 Strandbad Andechs. Hier geht es breiten Forstwegen folgend bergauf in Richtung Kloster Andechs. Die Strecke ist gut ausgeschildert.

8,30 Bei einem Trafohäuschen biegt linkerhand ein Waldweg ab, der sich bald zum Trail verengt. Der Trail kreuzt zuerst eine Landstraße, dann zwei Waldwege und führt immer steiler werdend bergauf nach Erling. Das letzte Stück des Trails ist sehr steil – eine echte Herausforderung für Fahrtechnik wie Kondition!

9,27 Von Erling aus führt eine steile Treppe bergab in ein Tal. Hier bitte schieben, da meist viele Fußgänger unterwegs sind. Unten angekommen geht es über Waldwege und einen kleinen Trailabstecher hoch zum Kloster Andechs.

10,19 Kloster Andechs. Hier finden sich mehrere schöne Biergärten. Unbedingt ein Fahrradschloss mitnehmen, da man mit Bike nicht reingelassen wird. Anschließend folgt eine lange Passage mit vielen schönen Trails. Achtung, viele Fußgänger! Bitte rücksichtsvoll fahren!

14,23 Der Trail kreuzt die Hauptstraße nach Herrsching und führt nun als Waldweg bergab nach Widdersberg.

16,49 Kurz nach dem See zweigt rechts der Fußweg zum Schloss Seefeld ab. Hier wartet eine sehr schöne Passage auf einer Art „Waalweg", es geht sehr flowig bergab. Bitte rücksichtsvoll fahren, es sind häufig Fußgänger unterwegs!

17,92 Schloss Seefeld. Schöne Einkehrmöglichkeit im Schlosshof. Nun auf Radweg Richtung Seefeld–Hechendorf. Der

Radweg endet am Ortsrand, weiter auf der Hauptstraße durch den Ort. Am Ortsende führt wiederum ein Radweg parallel zur Landstraße entlang.

20,49 An einer Scheune zweigt rechts ein Feldweg ab, der schließlich als Waldweg zum Wörthsee führt. Dort geht es auf einem schmalen Fußweg am Seeufer entlang. Wenn Fußgänger unterwegs sind, bitte schieben! Weiter mit kurzen Trails durch das Erholungsgebiet Oberndorf mit seinen schönen Badestegen und einer Einkehrmöglichkeit am Kiosk mit Terrasse.

23,77 Bachern. Der Ort wird nur berührt, gleich am Ortsrand beginnt eine Schotterstraße, die durch den Wald in Richtung Inning leitet. Hier wartet auch eine kurze Abfahrt auf einem flowigen Waldweg.

26,12 Inning am Ammersee. Es geht am Ortsrand entlang, wo auf den Höhen über dem See eine Schotterstraße hinüber nach Buch führt. Dort geht es rechts durch den Ort bergab zum Ammersee (Wegweiser zur Anlegestelle).

28,88 Anlegestelle Buch am Ammersee. Linkerhand beginnt eine sehr schöne Passage auf Singletrails, die immer am Seeufer entlangführen. Hier sind abschnittsweise viele Fußgänger unterwegs, also bitte sehr rücksichtsvoll fahren!

35,36 Ortsrand Herrsching. Weiter auf der Seepromenade, dann links hoch zum Bahnhof. Auch hier sind immer viele Fußgänger unterwegs!

38,26 S-Bahnhof Herrsching, Ende der Tour.

08 Leutstettener Mühltalrunde 32,4 km 423 hm 2:30 h

Klein, aber oho: Das Mühltal nördlich von Starnberg verführt Biker mit flowigen Trails in einer herrlichen Flusslandschaft. Der Vergleich mit den „Isartrails" ist vielleicht etwas gewagt, aber in Sachen Fahrspaß durchaus zulässig.

Der Versuchung, Äpfel mit Birnen zu vergleichen, sollte man als Autor tunlichst widerstehen. Allein schon wegen seiner geografischen Ausdehnung muss das kleine Mühltal zwischen Gauting und Leutstetten beim Vergleich mit den Isartrails natürlich gnadenlos den Kürzeren ziehen. Sicher gibt es im Mühltal außer den hier vorgestellten Trails noch ein paar weitere Steiglein zu erforschen, doch mit der hier vorgestellten Tour dürfte das Potenzial weitgehend ausgereizt sein. Was aber den reinen Fahrspaß und die Schönheit der Landschaft angeht, so muss die Mühltalrunde innerhalb dieses Buches wenige Vergleiche scheuen. Nach dem Start in Stockdorf hält sich die Strecke vornehm zurück. Unspektakulär rollt es sich auf schattigen Waldwegen gen Süden. Ein Uphill-Trail, gefolgt von einer flowigen Abfahrt führt hinüber nach Leutstetten. Der Schlossbiergarten dort kommt zwar etwas früh auf der Tour, ist aber durchaus einen Boxenstopp wert.

Dort beginnt eine etwas sensible Passage: Der Wanderweg durch das Heimathshausener Moor wird auch häufig von Fußgängern frequentiert – der Weg ist zwar breit, verläuft aber oft auf Holzstegen ohne Geländer. Eine sehr defensive wie zuvorkommende Fahrweise ist hier also angebracht. Nach der fälligen Durchquerung Starnbergs auf viel befahrenen Straßen, leitet ein Wechsel von kurzen Trailabschnitten und Waldwegen wieder gen Norden zum Mühltal. Nun verschießt die Runde ihr restliches Pulver Schlag auf Schlag: Über einen steilen Uphill wird die Eintrittskarte zu einer langen Trailpassage gelöst, die sich wunderbar flowig an der Würm entlang schlängelt. Und auch zwischen Gauting und Stockdorf hält die Runde noch einige kurze, aber schöne Schmankerln bereit.

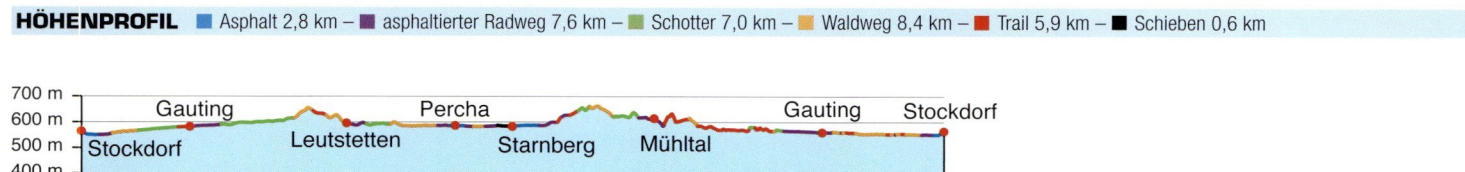

HÖHENPROFIL — Asphalt 2,8 km — asphaltierter Radweg 7,6 km — Schotter 7,0 km — Waldweg 8,4 km — Trail 5,9 km — Schieben 0,6 km

BEWERTUNG	MITTEL ▲
TECHNIK	▲▲▲▲△
KONDITION	▲▲▲△△
FAHRSPASS	▲▲▲▲△
LANDSCHAFT	▲▲▲▲△

CHARAKTER Neben geschotterten Waldwegen in welligem Gelände lockt diese Runde mit sehr schönen und flowig zu fahrenden Trails. Zwar blühen keine wirklichen Schlüsselstellen, jedoch wollen einige Trailpassagen auch bergauf überwunden werden, was gewisse Anforderungen an die Fahrtechnik bedingt. Konditionell mittelschwer.

TOURSTART Am S-Bahnhof Stockdorf (S6).

PARKEN Beschränkte Parkmöglichkeiten auf der Westseite der Bahngleise.

KOMBINATIONSMÖGLICHKEITEN Die Mühltalrunde kann in Kombination mit den Touren 10 bis 13 beliebig in Länge und Schwierigkeitsgrad gesteigert werden.

EINKEHR Schlossgaststätte Leutstetten mit schönem Biergarten, Strandpromenade in Starnberg.

HINWEIS Bitte um Umsicht und defensive Fahrweise im Moor nördlich von Heimathshausen. Auf der Starnberger Strandpromenade herrscht für 300 Meter Fahrverbot, hier also bitte schieben. Die Trails am Ufer der Würm können nach längeren Regenfällen morastig sein.

ROADBOOK

KM 0,0 Start am S-Bahnhof in Stockdorf. Es geht geradeaus auf Teer durch den Ort zur Kreuzung mit der Hauptstraße. Diese wird geradeaus überquert, und es geht immer der Nase nach geradeaus bis zum Wald.

1,16 Ortsrand Stockdorf. Hier geht es zuerst rechts am Waldrand entlang. Der nette Waldweg mündet schließlich in eine gut rollbare Forststraße, die nach Süden in Richtung Gauting führt.

5,25 Ein kleiner Trail führt zum Ortsrand von Gauting. Das Wohngebiet wird geradeaus auf Teer durchquert, bis die Straße am anderen Ortsrand in einen Feldweg übergeht. Hier weiter geradeaus über das Feld, um schließlich über schöne Waldwege das Mühltal anzupeilen.

8,00 Rechts zweigt ein Waldweg ab und führt immer schmaler werdend über einen bewaldeten Gratrücken nach oben. Lohn der Mühe ist eine schöne Singletrail-Abfahrt. Schließlich geht es über einen Feldweg nach Leutstetten.

9,96 Schlossgaststätte Leutstetten, schöne Einkehrmöglichkeit in einem gemütlichen Biergarten. Auf Teer durch den Ort, dann über Feldwege nach Süden.

11,54 Villa Rustica. Grundmauern einer römischen Villa und Infotafeln zur römischen Besiedelung der Region. Von hier geht es zuerst über Waldwege, dann über einen Wanderweg durch ein Moorgebiet in Richtung Percha. Achtung auf Fußgänger!

14,73 Percha. Durch den Park in Richtung Starnberg. Achtung auf Fußgänger! Hier lauert auch die einzige Tragepassage der Tour über die Klappbrücke bei der Bootswerft.

16,18 S-Bahn Starnberg. Die letzten 400 Meter an der Strandpromenade herrscht Fahrverbot, also bitte schieben! Hier geht es rechts durch die Unterführung und über viel befahrene Straßen durch den Ortskern von Starnberg.

17,87 Am Nordrand von Starnberg finden sich rechts ein Sportplatz und linkerhand ein Dirtpark. Wer also Ambitionen hat, kann sich hier so richtig austoben. An der linken Seite des Dirtparks geht es über einen Trail bergauf. Ein kurzes Teerstück führt wiederum zu einer kleinen Trailpassage, schließlich geht es auf Waldwegen am Golfplatz vorbei in Richtung Mühltal.

21,90 Mühltal, Kreuzung mit Gautinger Straße. Gegenüber geht es neben dem Straßenwegweiser auf einem steilen Trail bergauf, dann folgt nach einem Einschnitt linkerhand eine flowige Abfahrt zur Würm hinunter. Nach der Brücke beginnt rechterhand wiederum eine sehr schöne Singletrail-Passage, die immer am Flussufer entlang führt und kurz vor Gauting in den Radweg mündet (zwei kurze Stücke auf Schotter).

26,12 Ende Mühltal. Auf Radweg nach Gauting. Auf der großen Kreuzung im Ortszentrum wechselt die Strecke die Flussseite. Dann geht es etwas verwinkelt durch ein Wohngebiet zum Gautinger Schloss.

28,62 Schlosspark Gauting. In einer abwechslungsreichen Abfolge aus kurzen Trails und schmalen Fußwegen führt die Strecke immer am Würmufer entlang in Richtung Stockdorf.

31,66 Ortsrand Stockdorf. Durch den Ort auf Teer zur S-Bahn.

32,40 S-Bahnhof Stockdorf. Ende der Tour.

09 Starnberg – Andechs 41,8 km 601 hm 3:30 h

Diese sehr schöne Trainings- und Einsteigerrunde bietet einen hohen Biergartenfaktor, dazu tolle Panoramablicke und einige leichte Trails. Gleichzeitig hat das Kloster Andechs weit mehr als nur eine gepflegte Braukultur zu bieten ...

Kein Scherz: Das Kloster Andechs soll im Mittelalter seine Bedeutung als Wallfahrtsort vor allem dem Besitz der „heiligen Vorhaut Jesu" als Reliquie zu verdanken gehabt haben. Ob heute ebenso religiöse Motive für die hohe Besucherfrequenz des „Heiligen Berges" verantwortlich zeichnen, oder ob es doch mehr an dem süffigen Bier und der einzigartigen Lage liegen mag, sei dahingestellt. Fakt ist: Auch für Mountainbiker wirkt das weithin sichtbar über dem Fünfseenland thronende Kloster wie ein veritabler Magnet. Wer eine Bikerunde mit dem Zwischenziel Andechs garniert, kombiniert eine landschaftlich reizvolle Streckenführung mit der Chance auf urbayerische Biergartenerlebnisse. Dies jedenfalls sind die Zutaten, derer sich die hier vorgestellte Tour reichlich bedient.

Von Starnberg aus sucht sich die Runde zuerst auf einer Schleife Richtung Norden ihren Weg durch ausgedehnte Wälder bis nach Seefeld. Vom dortigen Schloss aus beginnt ein langer und gleichmäßiger Anstieg durch den bewaldeten Höhenrücken in Richtung Andechs. Nicht nur wegen des Klosterblickes wird dieser Anstieg zunehmend interessanter. Unterwegs warten auch einige kurzweilige Trailpassagen über ausgedehnte Wurzelteppiche und manch schöner Blick auf den Ammersee. Für die Rückkehr nach Starnberg folgen nun die Einkehrmöglichkeiten Schlag auf Schlag. Aber es warten auch noch zwei landschaftliche Highlights: Der Maisinger See ist auf jeden Fall einen (Bade-)Stopp wert, bevor die Maisinger Schlucht den würdigen Abschluss für diese Runde bildet. Mithin ist dies eine genüssliche Tour (nicht nur) für Einsteiger, und gleichzeitig eine gute Trainingsstrecke, die sicher viele Freunde finden wird.

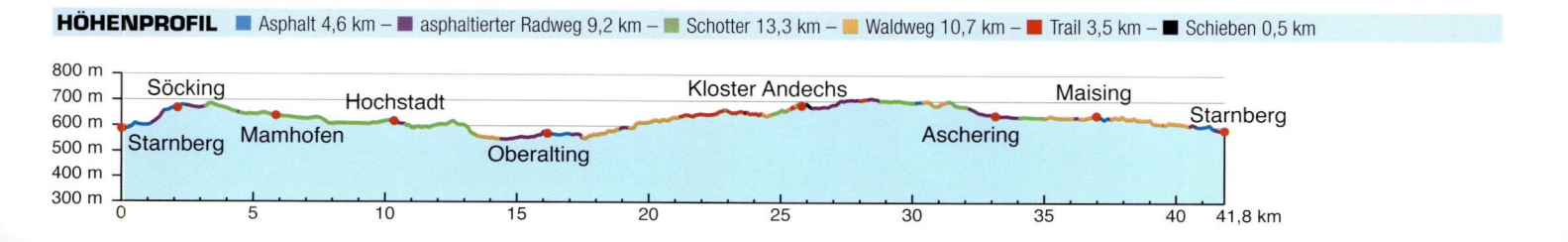

HÖHENPROFIL ■ Asphalt 4,6 km – ■ asphaltierter Radweg 9,2 km – ■ Schotter 13,3 km – ■ Waldweg 10,7 km – ■ Trail 3,5 km – ■ Schieben 0,5 km

BEWERTUNG		MITTEL ▲
TECHNIK		▲▲▲△△
KONDITION		▲▲▲▲△
FAHRSPASS		▲▲▲△△
LANDSCHAFT		▲▲▲▲▲

CHARAKTER Eine schöne Einsteigertour, die trotz mancher Trailpassage keine nennenswerten fahrtechnischen Schwierigkeiten bereit hält. Zwar sammeln sich unterwegs einige Höhenmeter an, doch verlaufen die Anstiege meist gleichmäßig und sind nie zu steil.
TOURSTART Am S-Bahnhof Starnberg (S6).
PARKEN Nur eingeschränkte und zudem kostenpflichtige Parkmöglichkeiten am S-Bahnhof.
EINKEHR Schlossgaststätte Seefeld, mehrere Biergärten im Kloster Andechs, Biergarten Maisinger See oder in Maising.
HINWEIS Rund um das Kloster Andechs sind häufig zahlreiche Fußgänger unterwegs. Bitte rücksichtsvoll fahren und im Klosterareal grundsätzlich schieben. Für eine Einkehr am Kloster Fahrradschloss nicht vergessen!

ROADBOOK

KM 0,0 S-Bahnhof Starnberg. Über viel befahrene Straßen durch den Ortskern in Richtung Söcking.

1,18 Abzweig „Alter Berg" – steiler Anstieg auf dem Fußweg Richtung Söcking. Durch den Ort und dann Richtung Norden fahren.

3,19 Ortsrand Söcking. Von hier hauptsächlich auf breiten Forstwegen, teils auch über freie Felder, über Hanfeld und Mamhofen nach Hochstadt.

10,58 Hochstadt. Über Waldwege Richtung Süden, dann mit einem Schlenker über einen kleinen See im Wald und über freie Felder nach Seefeld.

16,14 Seefeld-Oberalting. Geradeaus über Hauptstraße durch den Ort, dann auf Nebenstraße zum Schloss Seefeld.

17,49 Schloss Seefeld. Links kurzes Stück schieben, dann durch den Schlosswald auf schönen Waldwegen Richtung Widdersberg. Achtung Fußgänger!

19,06 Widdersberger Weiher. Hier Beginn eines längeren, aber gleichmäßigen Anstieges auf Waldwegen bis zur Kreuzung mit der Herrschinger Straße.

21,17 Kreuzung mit Herrschinger Straße. Nun über sehr schöne Trails und meist am Waldrand entlang leicht bergauf in Richtung Andechs.

23,67 Eine kleine Schlucht wird schiebend durchquert, danach rechts bergab auf Trail im Wald.

24,70 Unterhalb des Klosters dem breiten Schotterweg durch die Schlucht bergauf folgen.

25,40 Abzweig Trail unterhalb des Klosters. Der Trail mündet bald in einen Fußweg, hier rechts und steil bergauf ins Klosterareal. Vorsicht Fußgänger!

25,92 Kloster Andechs. Einkehrmöglichkeit in diversen

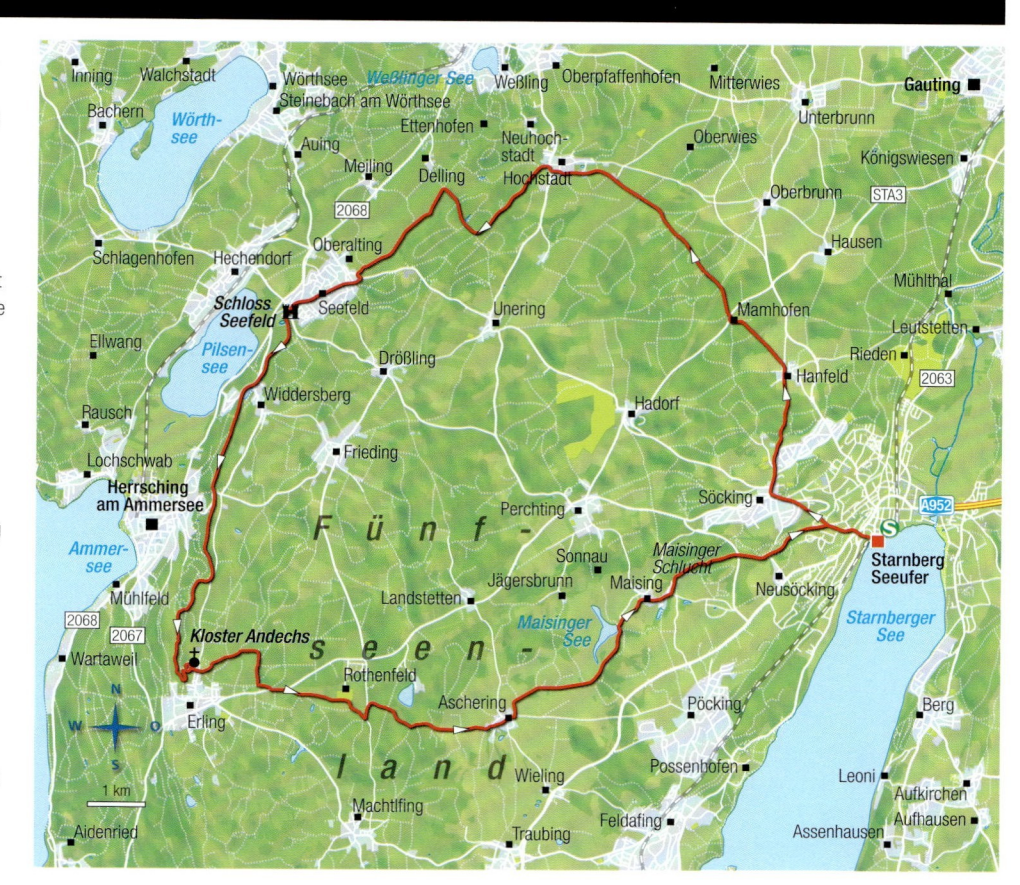

schönen Biergärten (Fahrradschloss nicht vergessen!). Bitte im Areal des Klosters schieben! Weiterweg: bergab zum Parkplatz.

26,29 Parkplatz Andechs. Zuerst über Feldwege, dann durch den Wald hinüber nach Aschering.

33,12 Aschering. Auf Teer durch den Ort, dann über Schotterwege zum Maisinger See.

36,17 Maisinger See. Schöne Einkehrmöglichkeit im Biergarten am See. Weiter nach Maising, über Schotterweg (Trailvarianten möglich) durch die Maisinger Schlucht und hinüber nach Starnberg.

40,52 Ortsrand Starnberg. Über eine viel befahrene Straße in den Ortskern, dann über eine kleine Nebenstraße zurück zur S-Bahn.

41,81 S-Bahnhof Starnberg. Ende der Tour.

10 Starnberg – Tutzing   35,7 km 430 hm 3:30 h

Die Hügelkette über dem Westufer des Starnberger Sees verspricht eine traumhafte Landschaft, Alpenblick inklusive. Für Mountainbiker noch wichtiger: Einige nette Singletrailpassagen sind hier natürlich auch mit von der Partie.

Ein Glück, dass man Starnberg auf dieser Runde recht schnell die kalte Schulter zeigen kann. Besonders an schönen Tagen geht's dort zu wie am Stachus. Und dichter Verkehr auf den Straßen macht das Durchkommen für Radler nicht eben leicht. Doch schon am Ortsrand stellt sich sehr bald das Gefühl ein, ganz, ganz weit draußen zu sein. Wunderschöne Waldwege führen über die Höhen in Richtung Pöcking und hinüber nach Feldafing. Dort beginnt der „trailige" Teil dieser Tour. Es warten nette Cross-Country-Einlagen, aber auch einiges gröberes Geläuf.

Die Passage durch die Waldschmiedschlucht zum Ortsrand von Tutzing ist klar die Schlüsselstelle dieser Tour. Zuerst wird mit einer kleinen Schiebepassage die Schlucht gequert. Auf der Höhe der anderen Schluchtseite beginnt dann ein herrlich verwinkeltes und verwurzeltes Steiglein. Trail-Liebhaber werden hier ihre helle Freude haben. Allerdings ist diese Passage schon etwas fordernd, und wird daher nicht auf ungeteilte Begeisterung stoßen. Doch auch im Schiebegang ist dieser Abschnitt schnell überwunden – der Rest der Tour stellt fahrtechnisch keine großen Anforderungen mehr. Dafür hält die Strecke aber in Sachen Landschaft noch einige Leckerbissen bereit. Da wäre zuerst die Runde um die verträumten Deixlfurter Seen zu nennen. Wer Moorwasser nicht scheut, könnte hier einen kurzen Badestopp einlegen.

Doch auch der Maisinger See mit seinem netten Biergarten ist eine Pause mehr als wert. Den würdigen Abschluss der Tour bildet die Durchquerung der Maisinger Schlucht. Hier sollte man noch einmal tief durchatmen, bevor einen dann in Starnberg die Zivilisation schlagartig wieder hat.

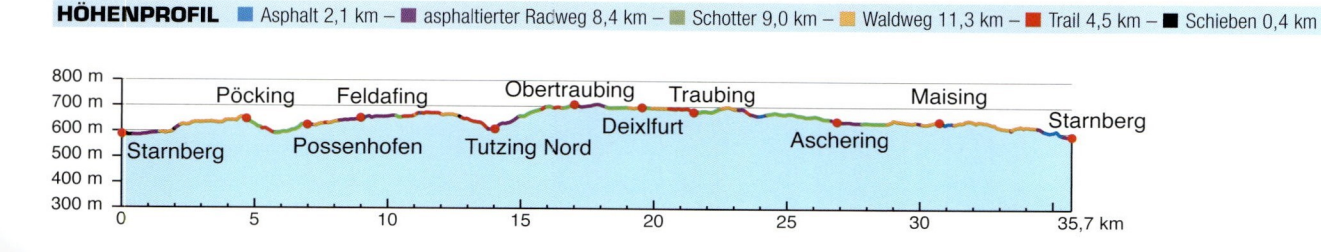

HÖHENPROFIL ▬ Asphalt 2,1 km — ▬ asphaltierter Radweg 8,4 km — ▬ Schotter 9,0 km — ▬ Waldweg 11,3 km — ▬ Trail 4,5 km — ▬ Schieben 0,4 km

BEWERTUNG		MITTEL ▲
TECHNIK		▲▲▲▲△
KONDITION		▲▲▲▲△
FAHRSPASS		▲▲▲▲△
LANDSCHAFT		▲▲▲▲▲

CHARAKTER Sehr schöne Runde, die hauptsächlich auf Wald- und Feldwegen verläuft. Unterwegs sind immer wieder interessante Trailpassagen eingestreut, die teils auch etwas anspruchsvoller ausfallen. Dies gilt insbesondere für die Waldschmiedschlucht vor Tutzing mit einer steilen Abfahrt und einigen Wurzelpassagen. In Sachen Kondition ist die Runde mittelschwer – das ständige Auf und Ab geht doch in die Beine.
TOURSTART Am S-Bahnhof Starnberg (S6).
PARKEN Nur sehr beschränkte und zudem kostenpflichtige Parkmöglichkeiten am S-Bahnhof.
KOMBINATIONSMÖGLICHKEITEN Eine Kombination mit Tour 14 „Tutzing-Osterseen" ist denkbar, aber konditionell sehr anspruchsvoll.
EINKEHR Biergärten gegen Ende der Tour am Maisinger See oder in Maising.

ROADBOOK

KM 0,0 S-Bahnhof Starnberg. Nach einem kurzen Abstecher über die Seepromenade geht's auf einer geteerten Nebenstraße nach Süden bis zur Bahnunterführung.

1,42 Auf kleinen Fußwegen hinauf zum Höhenzug oberhalb von Starnberg. Dort führen schöne Waldwege nach Pöcking.

4,67 Ortsrand Pöcking. Über Waldwege und eine kleine Trailpassage bergab. Dann führen Waldwege in Richtung Feldafing.

8,97 Feldafing. Der Ort wird durchquert, dann weiter auf Schotter in den Wald hinein.

10,67 Villa Barmherzige Brüder. Beginn einer sehr schönen und abwechslungsreichen Trailpassage.

12,02 Weiter auf Forststraßen im Wald.

12,78 Waldschmiedschlucht. Eine kleine Schiebepassage zu Beginn ist die Eintrittskarte zu einer sehr schönen, teils aber anspruchsvollen Trailpassage.

13,76 Ortsrand Tutzing. Durch den Ort bergauf.

14,94 Ortsrand Tutzing. Über eine Schotterstraße und einen kurzen Trail zum Deixlfurter See.

16,23 Deixlfurter See. Eine nette Trailpassage am See, dann über Forstwege, schließlich Teer, nach Obertraubing.

17,79 Obertraubing. Auf Feld- und Waldwegen nach Traubing.

21,46 Traubing. Der Ort wird über einen Waldweg umfahren, dann weiter über Feldwege in Richtung Aschering.

26,85 Aschering. Zuerst geteert, dann über Schotterwege zum Maisinger See (schöner Biergarten) und nach Maising.

30,70 Maising. Schöner Biergarten. Der Weiterweg führt durch die Maisinger Schlucht zurück nach Starnberg.

34,65 Ortsrand Starnberg. Auf viel befahrenen Straßen durch den Ort zurück zum S-Bahnhof.

35,68 S-Bahnhof Starnberg. Ende der Tour.

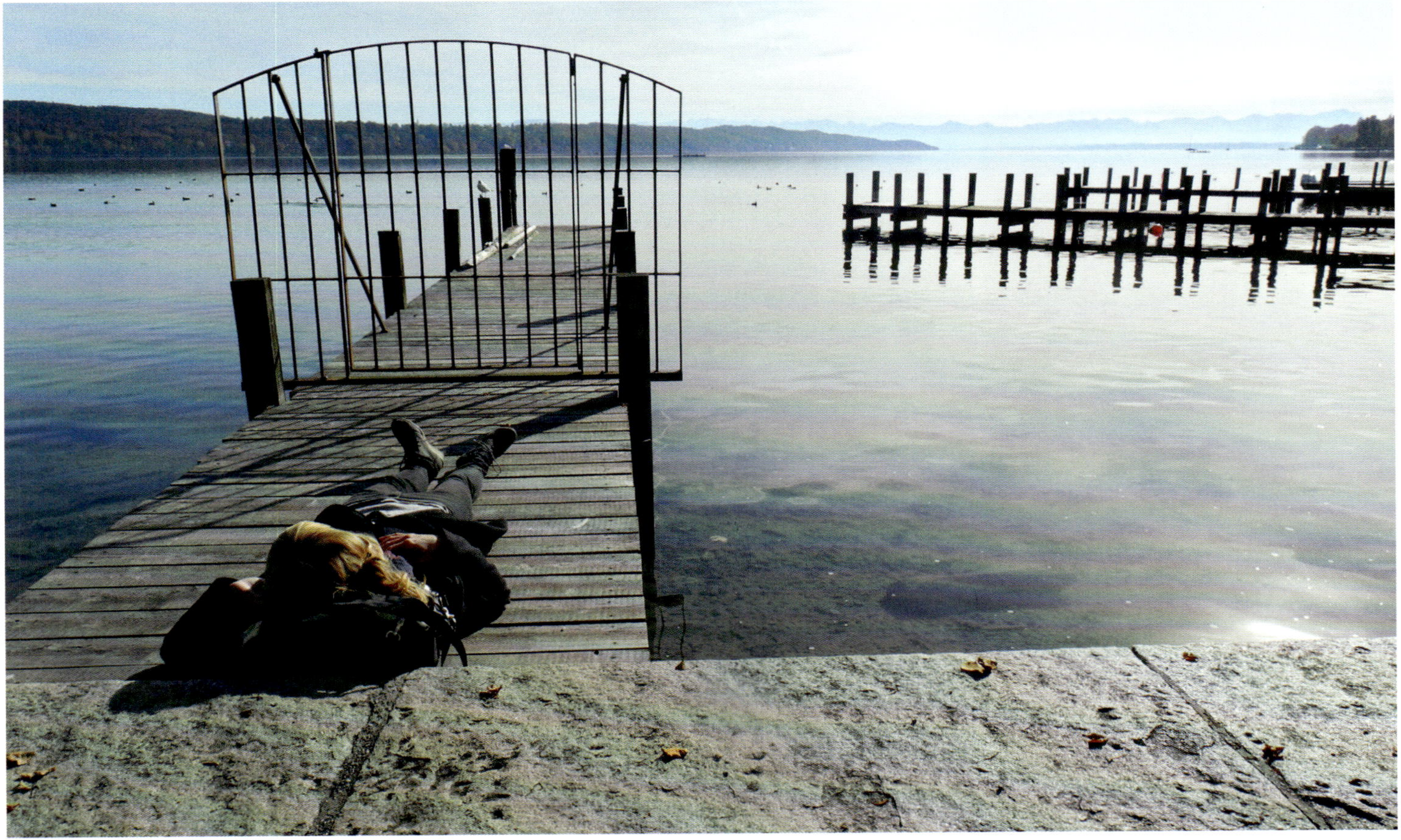

11 Starnberger See Uferrunde — 49,8 km 335 hm 3:30 h

In Sachen Fahrtechnik ist dies eine sehr entspannte Umrundung des Starnberger Sees, mit schönen Einkehrmöglichkeiten und einigen Badestellen. Da unterwegs auch längere Asphaltpassagen dabei sind, ist die Tour auch mit einem Trekkingbike gut fahrbar.

Dass der Landkreis Starnberg die höchste Millionärsdichte unserer Republik aufzuweisen hat, wird auf dieser lockeren Runde überdeutlich. Verdammt lange Strecken rund um den See befinden sich schlicht in Privatbesitz. Den See in größtmöglicher Nähe zum Ufer zu umrunden ist nicht immer ganz einfach zu realisieren. Macht aber nichts, denn schließlich ist der Starnberger See groß, sodass Genussbiker mehr als genug schöne Seeblicke erhaschen. Genussbiken ist hier allerdings groß geschrieben: Diese Strecke lässt sich auch problemlos mit einem Trekkingbike bewältigen, zudem laden viele schöne Biergärten und einige Badeplätze dazu ein, die angegebene Fahrzeit um einiges zu verlängern.

Nach dem Start in Starnberg folgt ein längeres Stück auf Schotterwegen entlang des Ostufers. Ein kulturelles Highlight ist dabei der Schlosspark von Berg mit seiner Votivkapelle und dem Gedenkstein an der Stelle, an der Bayernkönig Ludwig II. ins Wasser ging. Es folgt ein längerer geteerter Abschnitt über Ammerland bis Ambach, der jedoch gut rollt und daher recht schnell abgehakt ist. Südlich von Ambach geht es dann auf meist geschotterten Wegen nah am Ufer entlang bis Seeshaupt. Der Ort will auf der viel befahrenen Hauptstraße durchquert sein. Ruhige Schotterwege wechseln sich nun mit weniger ruhigen Radwegen ab, die parallel zur Hauptstraße nach Tutzing verlaufen. Dort beginnt ein sehr schöner Abschnitt durch die Parkanlagen von Feldafing und dem Schloss Possenhofen. Dann ist allerdings für drei Kilometer die viel befahrene Hauptstraße angesagt, wenn man möglichst nah am See bleiben will. Zurück in Starnberg geht's auf einer Nebenstraße zur Strandpromenade – hier bitte wieder schieben, um die flanierenden Touristen nicht zu erschrecken.

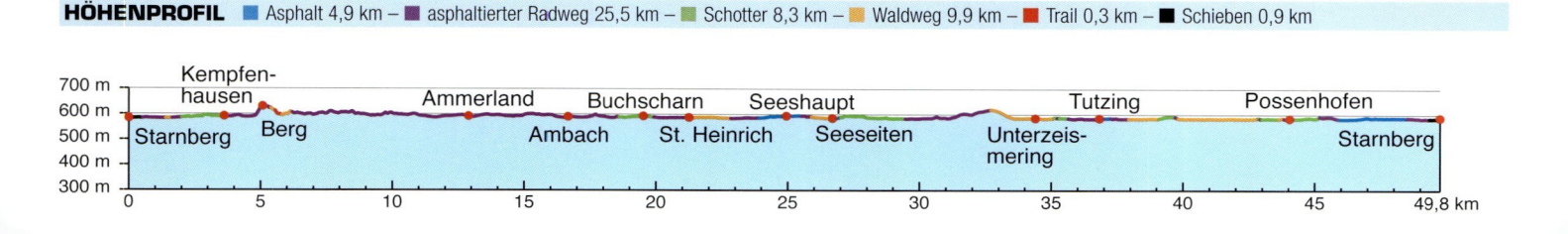

HÖHENPROFIL — Asphalt 4,9 km — asphaltierter Radweg 25,5 km — Schotter 8,3 km — Waldweg 9,9 km — Trail 0,3 km — Schieben 0,9 km

BEWERTUNG						**LEICHT** ▲
TECHNIK	▲	△	△	△	△	
KONDITION	▲	▲	△	△	△	
FAHRSPASS	▲	▲	△	△	△	
LANDSCHAFT	▲	▲	▲	▲	△	

CHARAKTER Konditionell relativ leichte Tour ohne ernsthafte Anstiege und ohne nennenswerte fahrtechnische Schwierigkeiten. Die Runde ist daher problemlos auch mit einem Trekkingbike zu bewältigen.

TOURSTART Am S-Bahnhof Starnberg (S6).

PARKEN Nur eingeschränkte und zudem kostenpflichtige Parkmöglichkeiten rund um den Bahnhof.

EINKEHR Diverse Gasthöfe und Biergärten rund um den See.

HINWEIS Auf der Seepromenade in Starnberg herrscht Bike-Verbot. Bitte auf diesem kurzen Stück von etwa 400 Metern schieben!

ROADBOOK

KM 0,0 S-Bahnhof Starnberg. Durch die Unterführung zur Seepromenade (400 m Bikeverbot – schieben!), dann links über den Radweg ins Erholungsgebiet Percha. Dort auf Schotterwegen am Ufer entlang Richtung Süden.

3,62 Kempfenhausen, weiter auf geteerter Nebenstraße.

5,08 Berg, Eingang Stadtpark. Auf schönen Waldwegen geht es zum Denkmal für Ludwig II. unterhalb der Votivkapelle. Wenn die Tour tatsächlich mit einem Trekkingbike gefahren wird, ist dies die einzige problematische Stelle. In diesem Fall einfach weiter auf dem Waldweg fahren und zum Eingang der Votivkapelle. Danach in beiden Fällen weiter auf Waldweg.

6,20 Leoni. Hier beginnt eine längere Teerpassage auf einer immerhin wenig befahrenen Uferstraße.

12,89 Ammerland. Weiter auf Teer.

18,62 Erholungsgebiet Ambach. Nun auf geschotterten Wegen (kurze Teerpassagen) am Seeufer entlang nach Seeshaupt.

23,92 Seeshaupt. Auf der viel befahrenen Hauptstraße durch den Ort. Auf der parallel verlaufenden Uferpromenade sind häufig viele Fußgänger unterwegs. Bitte meiden.

25,89 Ortsende Seeshaupt. Nun rechts weiter auf einem geschotterten Uferweg. Beim Gasthof Seeseiten geht es kurz auf der Hauptstraße weiter (auf dem Uferweg herrscht Bike-Verbot). Schließlich erreicht man über schöne Waldwege durch den Bernrieder Park den Ort Bernried.

31,51 Bernried. Nun führt ein Radweg parallel zu einer viel befahrenen Straße am Buchheim-Museum vorbei. Am Parkplatz des Museums beginnt ein schöner Schotterweg, der nach Unterzeismering leitet.

34,42 Unterzeismering. Auf Nebenwegen zum Tutzinger Kustermann-Park, dann ins Ortszentrum von Tutzing.

37,10 Tutzing. Ein kurzes Stück auf der Hauptstraße durch den Ort, dann rechtshaltend zur Brahmspromenade und auf Schotterwegen am Seeufer entlang.
41,05 Badegelände Feldafing. Auf sehr schönen Schotterwegen am Seeufer entlang nach Possenhofen.
44,02 Schlosspark Possenhofen. Eine schöne Strecke führt durch den Park zum Sissi-Schloss. Der Weiterweg am Seeufer ist dann allerdings bald für Biker gesperrt. Hier geht es links zur Hauptstraße, die man überquert, um gegenüber eine kleine Schleife durch den Wald einzulegen.
45,93 Der Schotterweg mündet an einem Parkplatz auf die viel befahrene Hauptstraße. Hier links und immer der Nase nach in Richtung Starnberg.
Alternativ: dem ausgewiesenen Radweg (Richtung Starnberg) durch den Wald weiter folgen. Der Schotterweg mündet in die Villengegend von Starnberg und stößt erst am Ortsbeginn wieder auf die Hauptstraße.
48,48 Starnberg. Vor der Unterführung rechts auf eine Nebenstraße abbiegen und dort geradeaus in Richtung Seepromenade fahren. Dort herrscht für 400 Meter Bike-Verbot, also bitte schieben!
49,75 S-Bahnhof Starnberg. Ende der Tour.

12 Starnberger See Marathon — 77,9 km 901 hm 6:00 h

Als der Würmgletscher einst das Becken des Starnberger Sees ausschürfte, ließ er südlich von Seeshaupt ein paar Eisbrocken liegen: die heutigen Osterseen. Diese knackige Marathon-Runde umkreist die landschaftliche Schönheit aus der Würmeiszeit und geht ordentlich in die Beine.

77,9 Kilometer mit 901 Höhenmetern? Pah! Unterwegs auf Transalp-Tour hat man doch schon weit Härteres absolviert! Dies mag sein, und trotzdem sollte der konditionelle Anspruch dieser Tour keinesfalls unterschätzt werden. Die 901 Höhenmeter sind hier nämlich in gefühlt 101 kleine Anstiege fraktioniert. Und da viele kleine und steile Anstiege viel mehr anstrengen, als ein langer gleichmäßiger, ist das Gefühl des Ausgepowertseins am Ende dieser Tour garantiert! Im Wesentlichen handelt es sich hier um eine Kombination der schönsten (und anspruchsvollsten) Passagen der Touren 10, 13 und 14. Von Starnberg aus klettern Starnberger See-Marathonisti auf die Höhenzüge über dem Westufer, und suchen sich über die Orte Pöcking und Feldafing ihren Weg Richtung Tutzing. Die Strecke bietet viele schöne Waldwege, und auch das Gros der Trails findet sich hier. An den Deixlfurther Seen ändert sich der Charakter der Strecke etwas: Über Forst- und Waldwege, aber auch einige geteerte Passagen schlängelt man sich vorbei an vielen kleinen Weihern zu den Osterseen. Die Runde um den Großen Ostersee, vorbei an Lustsee und Ursee nach Seeshaupt, ist sehr genussreich. Allerdings trifft man hier an schönen Tagen auch sehr viele Fußgänger an. Nach einem überschaubaren Intermezzo auf dem Radweg entlang des Seeufers blüht südlich von Ambach der letzte Brocken an Höhenmetern: Zwischen Attenkam, Münsing und Aufkirchen quert die Strecke viel freies Feld und bietet immer wieder tolle Ausblicke zu den Alpen. An diese dürfte man sich hier tatsächlich erinnert fühlen, zumindest, was den Schmerz in den Beinen angeht. Immerhin: Sollte sich unterwegs das Gefühl einstellen, dass zu viel des Guten nun auch zu

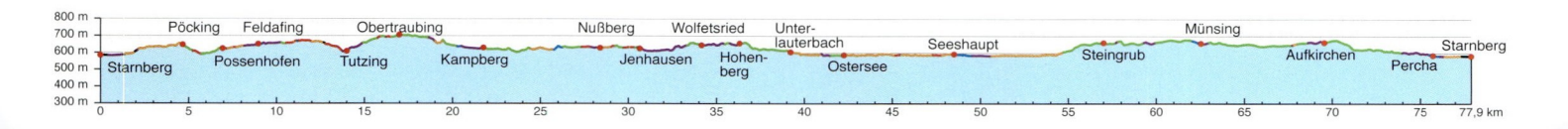

HÖHENPROFIL ■ Asphalt 3,6 km — ■ asphaltierter Radweg 17,0 km — ■ Schotter 31,1 km — ■ Waldweg 19,6 km — ■ Trail 5,6 km — ■ Schieben 1,0 km

viel ist, lässt sich mit einem kurzen Abstecher immer wieder schnell eine Schiffsanlegestelle erreichen. Und so eine Schifffahrt über den Starnberger See ist ja auch ein Wert für sich ...

BEWERTUNG	SCHWER ▲
TECHNIK	▲▲▲△△
KONDITION	▲▲▲▲▲
FAHRSPASS	▲▲▲▲△
LANDSCHAFT	▲▲▲▲△

CHARAKTER Konditionell sehr anspruchsvolle Runde für sehr gut trainierte Biker. Die 901 Höhenmeter sind in sehr viele kleine und zum Teil steile Anstiege aufgeteilt und daher nicht zu unterschätzen. In Sachen Fahrtechnik wartet manche Trailpassage, wirklich anspruchsvoll ist aber nur die Strecke durch die Waldschmiedschlucht vor Tutzing.
TOURSTART Am S-Bahnhof Starnberg (S6).
PARKEN Nur eingeschränkte und zudem kostenpflichtige Parkmöglichkeiten am S-Bahnhof.
EINKEHR Gasthof Ilkahöhe, Seeshaupt, Münsing.
HINWEIS Wen unterwegs die Kräfte verlassen sollten, der kommt von Tutzing, Seeshaupt, Ambach oder Ammerland auch per Schiff zum Ausgangspunkt zurück.

ROADBOOK

KM 0,0 S-Bahnhof Starnberg. Auf einer geteerten Nebenstraße nach Süden.

1,42 Auf Fußwegen hoch zum Höhenzug oberhalb von Starnberg, dort über schöne Waldwege nach Pöcking.

4,67 Pöcking. Über Waldwege und eine kurze Trailpassage bergab, dann auf Waldwegen in Richtung Feldafing.

8,97 Feldafing. Am Bahnhof vorbei durch den Ort, dann geradeaus weiter auf Schotter in den Wald.

10,67 Villa Barmherzige Brüder. Beginn einer sehr schönen und abwechslungsreichen Trailpassage.

12,02 Weiter auf Forststraßen im Wald.

12,78 Waldschmiedschlucht. Eine kleine Schiebepassage zu Beginn, dann folgt eine sehr schöne, teils aber anspruchsvolle Trailpassage. Am Ortsrand Tutzing durch den Ort bergauf.

14,94 Ortsrand Tutzing. Über eine Schotterstraße und einen kurzen Trail zum Deixlfurter See.

16,23 Deixlfurter See. Eine kurze Trailpassage am See, dann über Forstwege zum Ortseingang Obertraubing.

17,03 Obertraubing. Hier auf Forststraße in Richtung Ilkahöhe.

17,95 Kreuzung mit Teerstraße unterhalb der Ilkahöhe. Dort herrscht Bikeverbot, geradeaus über Allee nach Oberzeismering.

19,02 Oberzeismering. Den Gutshof umfahren, dann bei Forsthaus Ilkahöhe (Einkehrmöglichkeit) auf Trail.

19,44 Auf Forststraße Richtung Kampberg, die letzten 1,5 km auf Teerstraße.

21,78 Ortsausgang Kampberg. Es folgt eine lange Passage auf Waldwegen mit einigen kurzen Trails. Viele schöne Weiher am Wegesrand.

30,64 Jenhausen. Weiter überwiegend auf geteerten Nebenstraßen, ca. 1 km Schotter.

36,31 Hohenberg. Auf Waldwegen nach Unterlauterbach.
39,21 Unterlauterbach. Auf sehr schönen Wegen wird der Große Ostersee umrundet. Weiter auf Fußwegen nach Seeshaupt.
48,49 Seeshaupt. Auf überwiegend geschottertem Radweg am Starnberger See-Ostufer Richtung Ambach.
54,32 Erholungsgebiet Ambach. Anstieg auf Forstwegen bis Steingrub, dort die Höhe haltend durch den Wald. Schließlich über freies Feld bis Münsing. Überwiegend Schotterwege, nur kurze Teerstücke.
62,51 Münsing. Weiter überwiegend auf Feld- und Waldwegen über Sibichhausen nach Aufkirchen.
69,53 Aufkirchen. Auf Schotterwegen hinunter ins Manthal und weiter nach Percha.
75,71 Percha. Durch den Ort und das Erholungsgebiet Richtung S-Bahnhof Starnberg. Dort herrscht an der Uferpromenade für 400 Meter Fahrverbot.
77,87 S-Bahnhof Starnberg, Ende der Tour.

13 Münsinger Runde — 42,7 km 479 hm 3:00 h

Easy going: Fahrtechnisch ohne Tücke punktet diese Runde mit einer abwechslungsreichen Landschaft und mit tollen Blicken über Starnberger See und in die Alpen. Einziger Wermutstropfen: Auf dem Hinweg ist eine ordentliche Portion Teer mit im Paket.

Als eine der wenigen Touren in diesem Buch ist diese Runde auch mit einem Trekkingbike problemlos fahrbar. Lediglich eine kurze Passage von zehn Metern führt die Federgabel ihrer Aufgabe zu – der Rest der Strecke stellt keinerlei nennenswerte fahrtechnische Hürden auf. Langweilig ist diese Runde trotzdem keinesfalls. Der Abstecher zum Heiligtum des „Kini" Ludwig II. in Berg ist nicht nur kulturhistorisch, sondern auch fahrtechnisch lohnend. Oben erwähnte zehn Meter befinden sich hier. Die lange Rollerstrecke Richtung Ambach bietet immer wieder tolle Seeblicke und auch einen schönen „Badestrand". Wenn man sich selbst nicht gerade zur Spezies der militanten Offroader zählt, lässt sich da auch der geteerte Untergrund verschmerzen. Je weiter man nach Süden kommt, desto mehr erschließt sich auch ein tolles Panorama auf die Alpen mit der Zugspitze im Rampenlicht.

Nach ausgiebigem Chillen am Amberger Erholungsgebiet, warten nun auf dem Rückweg die gesammelten Höhenmeter der Tour. Über einen längeren, aber nie gemeinen Aufstieg durch den Wald, wird der kleine Weiler Steingrub angesteuert.

Dort ist die neue Flughöhe erreicht: Von nun an führt ein hügeliger Wechsel von Feld- und Waldwegen zielstrebig nach Norden. Ein kleiner Schulterblick zurück lohnt dort immer wieder, denn von der Höhe aus betrachtet, gesellen sich zum Wettersteinpanorama auch weite Ausblicke bis tief in den Chiemgau hinzu. Hinter Aufkirchen geht es schließlich durch das Manthal zurück nach Percha und von dort auf der schon bekannten Strecke des Hinwegs zurück nach Starnberg. Unterm Strich eine prima nachmittagsfüllende Angelegenheit für Einsteiger und Genussbiker.

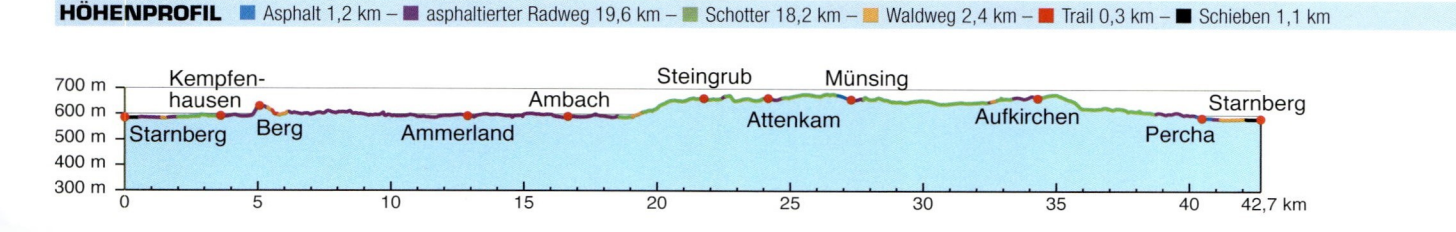

HÖHENPROFIL — Asphalt 1,2 km — asphaltierter Radweg 19,6 km — Schotter 18,2 km — Waldweg 2,4 km — Trail 0,3 km — Schieben 1,1 km

BEWERTUNG				LEICHT ▲
TECHNIK	▲△△△△
KONDITION	▲▲△△△
FAHRSPASS	▲▲△△△
LANDSCHAFT	▲▲▲▲△

CHARAKTER Technisch unschwierige Tour mit einem Mix aus geteerten Nebenstraßen sowie Feld- und Waldwegen. Die erste Hälfte der Tour läuft fast flach dahin, die Höhenmeter werden fast komplett auf dem Rückweg absolviert. Auch mit dem Trekkingbike problemlos fahrbar.
TOURSTART Am S-Bahnhof Starnberg (S6).
PARKEN Beschränkte und zudem kostenpflichtige Parkmöglichkeiten am S-Bahnhof.
EINKEHR Gasthaus Seegarten in Ambach, Kiosk am Erholungsgebiet Ambach.

ROADBOOK

KM 0,0 Tourstart am S-Bahnhof Starnberg. Durch die Unterführung zur Seepromenade. Hier herrscht leider für ein Stück Fahrverbot – die Gelegenheit zu einem schönen Spaziergang am See entlang.

0,54 Ende Fußgängerzone. Über den Nepomukweg geht es zur Bootswerft. Dort will das Rad über die Brücke getragen werden, weiter durch das Starnberger Erholungsgelände.

1,64 Freizeitanlage Percha. Auf einem breiten Schotterweg geht es am See entlang Richtung Süden.

3,62 Kempfenhausen. Ab hier auf einer geteerten Nebenstraße nahe des Seeufers nach Süden.

5,07 Berg. Eingang zum Park. Auf schönen Waldwegen und einem kleinen Trail geht es hinunter zum Denkmal für Bayernkönig Ludwig II. und zu dessen Votivkapelle. Wer mit dem Trekkingbike unterwegs ist, lässt diesen Trail aus und fährt weiter zur Kapelle. Weiter über Waldwege.

6,20 Ausgang Park. Weiter auf einer kleinen und zum Glück wenig befahrenen Teerstraße am Ufer entlang.

6,20 Ammerland. Immer weiter auf der geteerten Nebenstraße nach Süden.

18,54 Erholungsgebiet Ambach. Schöne Bademöglichkeit mit tollem Alpenblick. Hier beginnt der Anstieg über Forststraßen auf die Hügel östlich des Starnberger Sees.

21,78 Steingrub. Auf der Höhe angekommen, führen nun breite Forstwege durch hügeliges Gelände in Richtung Attenkam.

23,65 An der „Waldgrenze" angekommen, geht es auf Feldwegen mit tollen Ausblicken nach Münsing.

27,31 Münsing. Nun in einem Wechsel aus Feld- und Waldwegen über Sibichhausen nach Aufkirchen.

34,33 Aufkirchen. Nach der Durchquerung des Ortes wird die Höhe noch ein wenig gehalten, dann führen breite Waldwege hinunter ins malerische Manthal (netter Biergarten). Hier weiter auf Schotterwegen und schließlich auf einer geteerten Nebenstraße nach Percha. Im Ort bei der Kreuzung mit der Hauptstraße geradeaus in Richtung See.
41,18 Percha, Abzweig Nepomukweg. Durch das Erholungsgelände an der Bootswerft vorbei in Richtung S-Bahn. Der Weg ist schon vom Hinweg bekannt. Achtung Fußgänger!
42,16 Beginn Fußgängerzone Seepromenade Starnberg. Am Seeufer entlang schieben.
42,68 S-Bahnhof Starnberg. Ende der Tour.

14 Tutzing – Osterseen 45,2 km 544 hm 3:30 h

Abgelegene Waldwege, viele kleine Weiher und das landschaftliche Kleinod der Osterseen prägen diese entspannte Einsteigertour. Dort teilt man sich die Wege allerdings oft mit zahlreichen Fußgängern. Eine entsprechend rücksichtsvolle Fahrweise ist hier angesagt!

Ohne Zweifel ist der Starnberger See der touristische Magnet des oberbayerischen Alpenvorlandes. Was aber die landschaftliche Schönheit, vor allem aber die Unberührtheit angeht, laufen die Osterseen südlich von Seeshaupt ihrem großen Bruder locker den Rang ab. Insgesamt 17 mehr oder weniger große Seen mit maximal neun Metern Wassertiefe bildeten sich hier als „Toteis"-Seen nach der letzten Eiszeit. An klaren Tagen ist der Blick über die Seen in Richtung Zugspitze einzigartig. Entsprechend gern und häufig werden die Osterseen natürlich auch von Ausflüglern frequentiert. Zwar wird hier etwa durch eine Begrenzung der Parkmöglichkeiten versucht, den Besucherstrom zu begrenzen, doch an schönen Tagen wird sich hier kaum ein Meter unbegangener Weg finden. Um also Konflikte zu vermeiden, sollte diese Tour an besonders schönen Tagen wie am Wochenende möglichst gemieden werden.

Die hier beschriebene Tour steuert zuerst von Tutzing aus die Ilkahöhe an, ein beliebter Aussichtspunkt über den Starnberger See und das Alpenvorland. Auf der Ilkahöhe selbst herrscht Fahrverbot – also auf der Allee unterhalb bleiben. Nachdem hier der höchste Punkt der Tour bereits erreicht ist, sucht sich die Strecke in einem stetigen Auf und Ab ihren Weg Richtung Süden. Schon unterwegs zu den Osterseen stimmen viele kleine Weiher auf das „große Ziel" ein. Dabei verläuft die Tour meist auf Schotterwegen, wobei kurze Trailpassagen für manches Stück Teer entschädigen. Nach der Umrundung des Ostersees geht es nach Norden in Richtung Seeshaupt. Von dort führt ein Radweg meist geschottert, aber oft geteert in größtmöglicher Nähe zum Starnberger Seeufer zurück nach Tutzing.

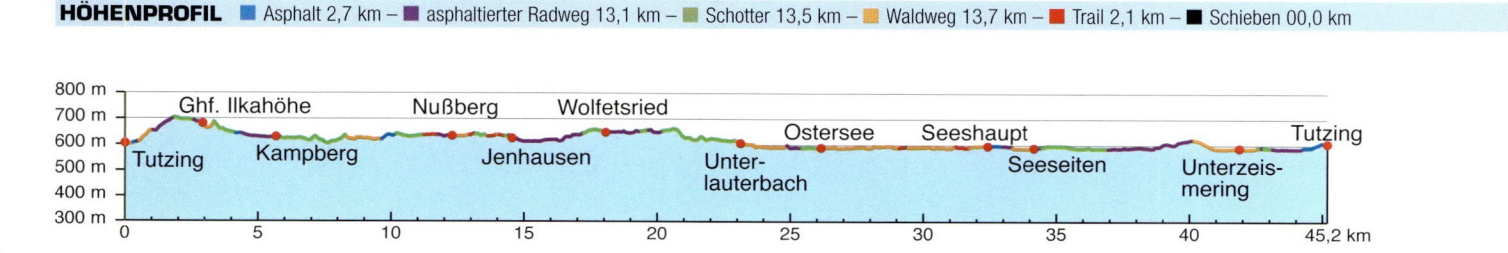

HÖHENPROFIL ■ Asphalt 2,7 km – ■ asphaltierter Radweg 13,1 km – ■ Schotter 13,5 km – ■ Waldweg 13,7 km – ■ Trail 2,1 km – ■ Schieben 00,0 km

BEWERTUNG	MITTEL ▲
TECHNIK	▲▲△△△
KONDITION	▲▲▲△△
FAHRSPASS	▲▲▲△△
LANDSCHAFT	▲▲▲▲▲

CHARAKTER In einem stetigen Auf und Ab sucht sich die Tour ihren Weg zu den Osterseen. So sammeln sich zwar einige Höhenmeter an, doch rollen die Strecken immer sehr gut. Technisch ist diese Runde unschwierig, die kurzen Trailpassagen sind problemlos zu bewältigen.
TOURSTART Am S-Bahnhof Tutzing.
PARKEN P+R-Parkplatz auf der Westseite des Bahnhofs.
EINKEHR Gasthof Seeseiten kurz hinter Seeshaupt.
HINWEIS Die Wege am Großen Ostersee sind häufig von Fußgängern frequentiert. Hier bitte sehr zurückhaltend fahren und im Zweifelsfalle schieben!

ROADBOOK

KM 0,0 S-Bahnhof Tutzing. Auf einem kleinen Fußweg bergab, dann rechts durch die Bahnunterführung und wiederum rechts (also auf der gegenüberliegenden Seite des Bahnhofs) bis zum Waldrand. Oder gleich im Bahnhof durch die Unterführung auf die andere Seite der Gleise, dann links.

0,54 Ortsrand Tutzing. Am Palliativzentrum (z. Zeitpunkt der Tourrecherche im Bau) geht es links auf einem Schotterweg bergauf, dann weiter auf Waldweg.

1,05 Der Waldweg mündet in eine Teerstraße, die bergauf bis zur Ilkahöhe leitet.

1,86 Unterhalb der Ilkahöhe zweigt links eine geschotterte Allee ab. Bitte hier links fahren, denn auf der Ilkahöhe selbst prangt ein Fußgänger-Schild. Der Schotterstraße gerade folgen.

2,59 Oberzeismering. Der Gutshof wird links umrundet. An der Terrasse des Forsthauses Ilkahöhe beginnt ein kleiner Trail. Wenn viele Fußgänger unterwegs sind, hier bitte kurz schieben.

3,35 Der Trail mündet in eine Forststraße. Hier geht es im spitzen Winkel links bergab.

4,18 Die Forststraße mündet in eine Landstraße, hier rechts und bald wieder links auf eine geteerte Nebenstraße.

5,68 Nach der Durchquerung von Kampberg beginnt eine lange Passage auf Waldwegen zu den Gallaweihern.

9,66 Kurz auf Teer, dann gleich wieder auf Waldwegen, schließlich über einen netten Wiesentrail nach Nußberg.

12,29 Nußberg. Auf einem Wechsel von Waldwegen mit kurzen Trailabschnitten hinüber nach Jenhausen.

14,55 Jenhausen. Weiter über geteerte Nebenstraßen (kurze Schotterabschnitte) nach Süden.

20,21 Hohenberg. Auf Forststraßen und Waldwegen nach Unterlauterbach.

23,12 Unterlauterbach. Am Parkplatz beginnt rechts ein Waldweg, der mit etwas „Sicherheitsabstand" am Großen Ostersee entlang führt.

24,88 Kurz auf Teer, dann sofort wieder links auf einen zu Beginn breiten Waldweg, auf dem der Große Ostersee umrundet wird. Zwischendurch winken zwei schöne Badeplätze, nach dem zweiten davon ein ebenso schöner Trail.

29,42 Kreuzung mit Bundesstraße. Die Straße überqueren und sofort links in einen schmalen Weg, der zuerst parallel zur viel befahrenen Straße, dann aber sehr schön entlang des Lustsees nach Seeshaupt führt.

31,21 Ortsrand Seeshaupt. Rechts auf Trail (Fußweg!), dann auf kleinen Wegen ins Ortszentrum.

32,40 Seeshaupt. Auf der viel befahrenen Hauptstraße Richtung Tutzing.

33,35 Seeshaupt Ortsende. Hier rechts zum See. Der Rückweg nach Tutzing folgt weitgehend dem beschilderten Radweg in einem Wechsel auf Teer- und Schotterwegen.

45,17 S-Bahnhof Tutzing. Ende der Tour.

15 Wolfratshausen – Osterseen — 54,3 km 536 hm 4:00 h

Stadt, Land, Fluss auf Oberbayerisch: Zwischen Loisach, Osterseen und Starnberger See erschließt sich eine klasse Einsteigertour – Panoramafaktor inklusive! Auch hier wartet unterwegs etwas Teer, zum Ausgleich gibt es aber auch sehr schöne Waldwege.

Was in der Beschreibung der vorhergehenden Tour gesagt wurde, gilt auch für diese Runde uneingeschränkt. Die Osterseen sind ein herrliches Stückchen Landschaft und damit ein denkbar attraktives Tourenziel. Dies wissen allerdings nicht nur Mountainbiker, sondern insbesondere auch Fußgänger. An Wochenenden und bei schönem Wetter ist die Besucherfrequenz dort entsprechend hoch, was für einiges Konfliktpotenzial sorgt. Wer sich für diese Tour also einen nicht ganz so perfekten Tag unter der Woche aussucht, ist sicher besser bedient. Im Zweifel gilt, dass auf so schönen Strecken wie denen entlang der Osterseen auch Schieben keine Strafe ist.

Auf dem Rest der Strecke haben Biker ohnehin einiges an freiem Auslauf. Mit der S-Bahn in Wolfratshausen eingetrudelt, dauert es etwas, bis der Puls wirklich auf Touren kommt. Die Strecke rollt nahezu eben an Loisach und Loisachkanal dahin, sodass sich die herrliche Landschaft in vollen Zügen genießen lässt. Erst in Eurasburg wartet der erste Anstieg – und als Belohnung der herrlich gelegene Biergarten der Sprengeröder Alm mit seinem Alpenblick par excellence.

Eine lange Abfahrt über breite Forststraßen im schattigen Wald nebst einem geteerten Überbrückungsstück leiten schließlich zu den Osterseen mit den besagt schönen Wegstücken. Von Seeshaupt an folgt die Strecke dem Radweg entlang des Starnberger Sees, bevor der zweite Anstieg nochmals für ein schönes Highlight sorgt: Von der Kapelle auf der Degerndorfer Höhe genießt man einen weiten Blick über das Alpenvorland und natürlich die Alpen. Weitgehend geteert führt der Weg dann zurück an die Loisach und an deren Ufer zurück zur S-Bahn.

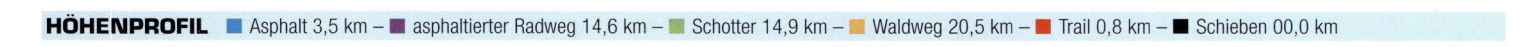

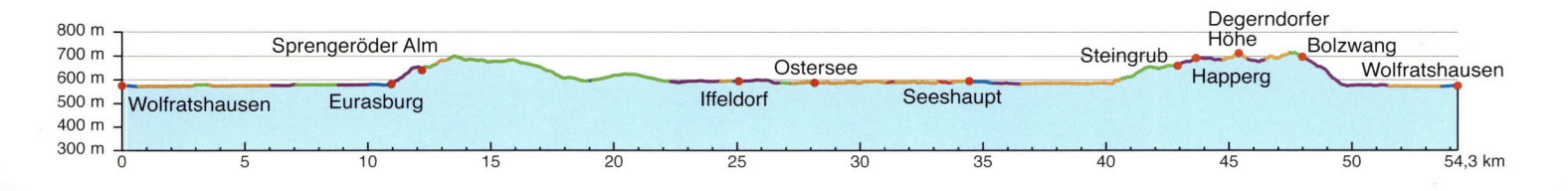

HÖHENPROFIL ■ Asphalt 3,5 km – ■ asphaltierter Radweg 14,6 km – ■ Schotter 14,9 km – ■ Waldweg 20,5 km – ■ Trail 0,8 km – ■ Schieben 00,0 km

BEWERTUNG	MITTEL ▲
TECHNIK	▲▲△△△
KONDITION	▲▲▲△△
FAHRSPASS	▲▲▲△△
LANDSCHAFT	▲▲▲▲▲

CHARAKTER Landschaftlich sehr schöne Tour ohne nennenswerte fahrtechnische Schwierigkeiten, die sich auch gut für Einsteiger eignet. Im Wesentlichen sind hier zwei Anstiege zu überwinden, der Rest der Strecke rollt oft flach dahin. Mit Einschränkungen auch mit dem Trekkingbike machbar.
TOURSTART Am S-Bahnhof Wolfratshausen (S7).
PARKEN Beschränkte Parkmöglichkeit auf kleinem P+R-Parkplatz nördlich des Bahnhofs.
EINKEHR Sprengeröder Alm.
HINWEIS An schönen Tagen und am Wochenende sind an den Osterseen sehr viele Spaziergänger unterwegs. Dann bitte diese Tour meiden. Im Zweifelsfalle bitte schieben und Fußgängern den Vortritt lassen!

ROADBOOK

KM 0,0 S-Bahnhof Wolfratshausen. Rechts auf die Hauptstraße und in Richtung Loisach.

0,61 Ende Loisachbrücke. Hier geht es links auf einen Schotterweg parallel zum Fluss.

2,80 Loisachbrücke. Hier links über den Fluss und weiter auf Schotter am Loisachkanal entlang.

10,05 Bei Baierlach wird die Loisach links liegen gelassen. Nun auf Teer nach Eurasburg, hinter dem Ort bergauf zur Sprengeröder Alm.

12,19 Sprengeröder Alm, schöne Einkehrmöglichkeit mit tollem Alpenblick. Es folgt eine lange Passage auf Waldwegen.

22,05 Nun auf geteerter Nebenstraße über Sanimoor nach Iffeldorf. Dort zum Campingplatz am Fohnsee.

26,92 Campingplatz Fohnsee. Ab hier auf sehr schönen Waldwegen an Fohnsee und Großem Ostersee vorbei Richtung Norden. Hier sind oft viele Fußgänger unterwegs. Bitte sehr rücksichtsvoll fahren!

31,42 Kreuzung mit Bundesstraße. Links auf Weg parallel zur Straße, dieser führt bald sehr schön am Lustsee entlang nach Seeshaupt.

33,23 Ortsrand Seeshaupt. Hier rechts auf Trail (Fußweg, rücksichtsvoll fahren), dann über kleine Nebenwege ins Ortszentrum von Seeshaupt. Dort an der Hauptstraße rechts.

35,44 Beginn Radweg parallel zur Straße. Zuerst geteert, dann meist mit schottrigem Untergrund am Starnberger See entlang nach Norden.

40,24 Erholungsgebiet Ambach. Hier beginnt rechterhand der Anstieg über Forststraßen zu den Hügeln oberhalb des Starnberger Sees. Der Anstieg ist relativ lang, aber nie steil und geht sehr flüssig vonstatten.

42,89 Steingrub. Nun auf geteerten Nebenstraßen über freies Feld nach Norden.

44,73 In einer kleinen Schleife über Feldwege geht es hinauf zur Degerndorfer Höhe. Dort wartet ein fantastischer Aussichtspunkt mit einer malerischen Kapelle.

46,30 Degerndorf. Über geteerte Nebenwege nach Bolzwang und hinab nach Achmühle. Dort auf geteertem Radweg nach Norden.

51,47 Loisachbrücke. Auf geschottertem Fußweg am Flussufer entlang bis Wolfratshausen.

53,66 Loisachbrücke Wolfratshausen. Rechts über die Brücke und auf Hauptstraße zum Bahnhof.

54,28 S-Bahnhof Wolfratshausen. Ende der Tour.

16 Wolfratshausen – Bad Tölz 55,5 km 505 hm 4:30 h

„Grüne Hölle" Isartrails: Ein oberbayerisches Trailabenteuer mit kleinen Reminiszenzen ans Dschungelcamp … Zwar kämpft man hier nicht mit Kakerlaken, wohl aber mit teils tiefem Schotter und einigen fordernden Trails.

Wer diese Tour mitten in der frühsommerlichen Hochvegetationsphase angeht, könnte sich abschnittsweise an den Amazonas versetzt fühlen. Keine Sorge, der besagte Abschnitt ist vergleichsweise kurz. Doch der markierte Wanderweg, der sich vom Tölzer Isarwehr für einige Kilometer zwischen Fluss und Landstraße nach Norden schlängelt, wird offenbar nur sehr selten begangen. Entsprechend hängt hier auch mal etwas Blätterwerk über den Trail … nach der Tour sollte man sich daher gut nach Zecken absuchen! Der Rest der Tour ist vergleichsweise weniger wild, bietet aber ziemlich viel von dem Stoff, der dem Namen „Isartrails" alle Ehre macht. Im Grunde lässt sich die Strecke von Stoibers Heimat nach Tölz zu einem Löwenanteil auf immer sehr flowigen Trails bewältigen. Da das Wegenetz aber nicht ergiebig genug ist, um Gleiches auch vom Rückweg behaupten zu können, sind die Trails auf dieser Tour zwischen Hin- und Rückweg aufgeteilt. Nach Süden hin (also flussaufwärts) spielt sich die Tour neben einem Trail-Appetithappen überwiegend auf Forstwegen ab. Zum Ende hin muss man einen längeren geteerten Abschnitt über sich ergehen lassen, der aber sehr schöne Ausblicke auf die Alpen bietet. Auf dem Rückweg kommt dann aber umso mehr Freude auf: Nach besagtem „Grüne Hölle"-Trail geht es auf einer Abfahrt vom Malerwinkel richtig zur Sache. Dann warten sehr flowige Einspur-Weglein durch eine traumhafte Auenlandschaft. Allerdings gilt die Problematik der Isartrails natürlich auch hier. Will heißen: Man ist praktisch durchgehend in einem Landschaftsschutzgebiet mit empfindlicher Vegetation unterwegs. Daher bitte Kiesbänke meiden und Fußgängern möglichst wenig Angriffsfläche bieten.

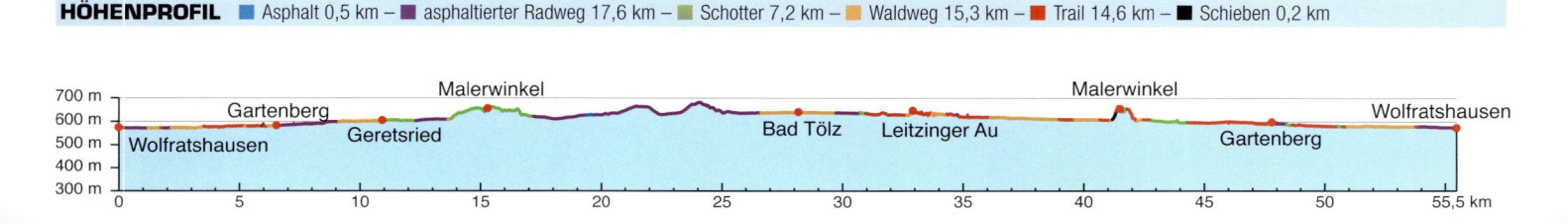

HÖHENPROFIL ■ Asphalt 0,5 km – ■ asphaltierter Radweg 17,6 km – ■ Schotter 7,2 km – ■ Waldweg 15,3 km – ■ Trail 14,6 km – ■ Schieben 0,2 km

BEWERTUNG	MITTEL ▲
TECHNIK	▲▲▲▲△
KONDITION	▲▲▲▲△
FAHRSPASS	▲▲▲▲▲
LANDSCHAFT	▲▲▲▲△

CHARAKTER Bedingt durch viele lange Singletrail-Passagen technisch anspruchsvolle Tour. Der Singletrail vom Malerwinkel zur Einöde hat es in sich. Auch konditionell ist diese Tour nicht zu unterschätzen. Die Anstiege halten sich zwar in Grenzen, doch ist der Untergrund an der Isar teils lose geschottert und kostet Kraft.

TOURSTART Am S-Bahnhof Wolfratshausen (S7).

PARKEN P+R-Parkplatz am Bahnhof.

EINKEHR Straßencafés an der Isarbrücke in Bad Tölz.

KOMBINATIONSMÖGLICHKEITEN Wer Blut geleckt hat, sollte sich die Sterntour „Tölz-Tierpark" (Nr. 27) ansehen. Sie kombiniert einige der besten Trailpassagen an der Isar.

HINWEIS Auf den meisten Kiesbänken entlang der Isar herrscht in der Brutzeit bis Ende Juni Betretungsverbot. Bitte befolgen! Der Trail vom Isarwehr zum Malerwinkel ist ein markierter Wanderweg, der aber abschnittsweise offensichtlich nur selten begangen wird. In der Vegetationsphase von Mai bis Juli kann er stellenweise verwuchert sein.

ROADBOOK

KM 0,0 Start am S-Bahnhof Wolfratshausen. Auf Nebenstraßen durch den Ortsteil Weidach.

1,21 Ortsrand Weidach. Die Pupplinger Au wird gestreift, auf schönen Trails zur Floßlände bei der Isarbrücke.

2,15 Floßlände. Nun auf einem schmalen Weg entlang der Isar zum Isar-Loisach-Kanal. Hinter der Kanalbrücke beginnt linkerhand eine sehr schöne Trailpassage am Isarufer entlang.

6,00 Einmündung in Radweg „Via Bavarica Tyrolensis". Weiter auf Teer am Ort Gartenberg vorbei, am Ortsende auf Schotterwegen Richtung Geretsried.

10,99 Ortsrand Geretsried. Links über einen Schotterweg parallel zur Landstraße, dann über betonierte Wege im Wald (alte Rüstungsfabrik). Am Ortsrand weiter über die „Via Bavarica Tyrolensis".

13,81 Ortsrand Geretsried. Schöne Waldwege führen hinauf zum „Malerwinkel" mit tollem Panorama auf die Isar. Weiter auf Schotter zur Rothmühle (das letzte Stück ist geteert).

17,90 Rothmühle. Nun durchgehend geteert auf der „Via Bavarica Tyrolensis" bis zum Ortsrand von Bad Tölz.

25,61 Ortsrand Bad Tölz. Hier links auf geschottertem Weg am Isarstausee entlang bis ins Ortszentrum von Bad Tölz.

28,18 Isarbrücke Bad Tölz. Diverse Straßencafés zur Einkehr, dann auf demselben Weg zurück bis zum Ortsrand. Dort rechts zum Isarwehr.

30,97 Isarwehr. Hier beginnt der mit einem gelben Dreieck markierte Wanderweg zum Malerwinkel. Überwiegend Singletrails, aber auch einige Schotterwege führen an der Isar entlang durch ein Naturschutzgebiet. Vor dem Malerwinkel wartet eine kurze, aber steile Tragepassage.

41,53 Malerwinkel. Kurz auf Forststraße, dann rechts super

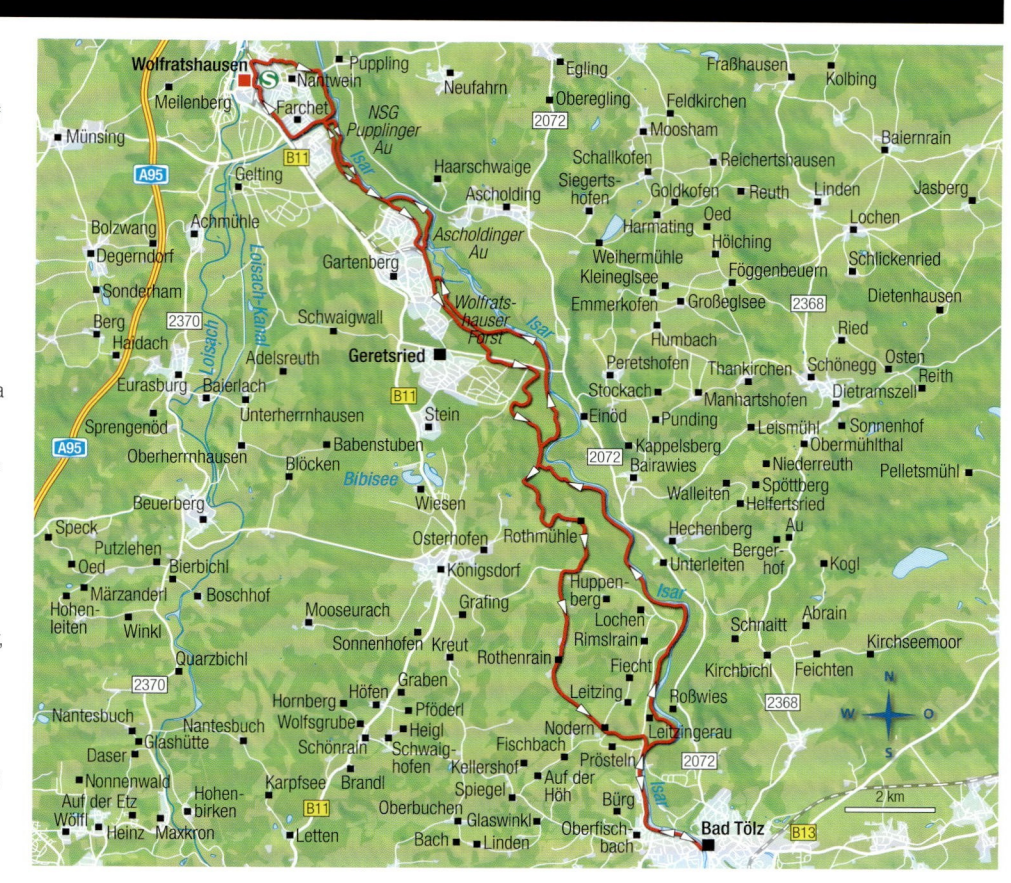

Singletrail-Abfahrt. Weiter auf Waldweg zur Einöde, dann auf Forstweg zur Geretsrieder Isarbrücke.

43,89 Isarbrücke. Weiter auf Schotter, dann bald auf schönem Singletrail durch die Geretsrieder Au bis Gartenberg.

47,83 Gartenberg. Einmündung in „Via Bavarica Tyrolensis". Kurz auf Teer bis zum Tennisplatz.

48,70 Tennisplatz. Zuerst auf Waldweg, dann über Treppe und auf schönem Trail am Isarufer entlang.

50,60 Einmündung in „Via Bavarica Tyrolensis". Richtung Wolfratshausen. Kurz darauf zweigt der Trail ab, der schon auf dem Hinweg gefahren wurde. Wer will – der Trail lohnt auch in Gegenrichtung.

53,05 Brücke über Isar-Loisach-Kanal. Hinter der Brücke links auf Waldweg, dann kurz Trail, am Kanal entlang. Schließlich auf geteertem Radweg nach Wolfratshausen hinein und zur S-Bahn.

55,51 S-Bahnhof Wolfratshausen. Ende der Tour.

17 Hohenschäftlarn – Wolfratshausen 27,4 km 579 hm 2:00 h

Diese landschaftlich sehr schöne Tour lässt in der Ickinger Au zwar viele Trails aus, der Genuss wird dadurch aber nicht geschmälert. Schießlich wechseln sich hier lange Cruising-Strecken mit unterhaltsamen Trail-Einlagen ab.

Wer eine entspannte Tour ohne große Schwierigkeiten, dafür aber in herrlicher Landschaft sucht, ist im Isartal zwischen Kloster Schäftlarn und Wolfratshausen genau richtig. Weite Auenwälder wie am Zusammenfluss von Isar und Loisach oder gegenüber in der Pupplinger Au bieten als fast unberührt gebliebenes Stück Natur vielen Tier- und Pflanzenarten Rückzugsraum. Ein entsprechend rücksichtsvolles Verhalten hilft hier wie immer, Konflikte mit anderen Wegenutzern zu vermeiden und diesen wertvollen Lebensraum zu schützen. Aus diesem Grund berührt die hier vorgestellte Tour die Auenwälder denn auch nur kurz. Nach dem Start in Hohenschäftlarn führt zuerst ein asphaltierter Radweg nach Ebenhausen. Dort beginnt eine schöne Allee über die Hochfläche, gefolgt von einer rauschenden Abfahrt über Waldwege, die unweit des Klosters Schäftlarn ins Isartal mündet. Hier könnte man das erste Mal einkehren. Dann quert ein schöner Singletrail die Ickinger Au bis hinüber zum großen Isarwehr. Diese Wegpassage wird auch gerne von Fußgängern und Reitern frequentiert. Nach längeren Regenfällen kann der Trail daher auch etwas morastig sein.

An der Ickinger Au lohnt ein Wechsel ans Hochufer: Der Weiterweg bietet nicht nur mit der Weißen Wand und dem Riemerschmiedstein zwei wundervolle Panoramapunkte, sondern auch einige schöne Trails. In Weidach meidet die Tour die Pupplinger Au und führt stattdessen auf dem geteerten Radweg zurück zum Ickinger Wehr. Doch auch hier und am folgenden Dammweg entlang des Isarkanals warten noch viele schöne Eindrücke. Und schließlich wartet auch noch ein letzter, teils steiler Anstieg, bevor sich die Runde in Hohenschäftlarn wieder schließt.

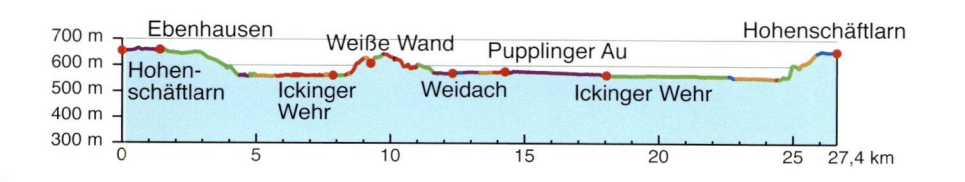

HÖHENPROFIL ■ Asphalt 1,3 km – ■ asphaltierter Radweg 7,3 km – ■ Schotter 9,8 km – ■ Waldweg 4,1 km – ■ Trail 4,1 km – ■ Schieben 00,0 km

BEWERTUNG		MITTEL ▲
TECHNIK		▲▲▲△△
KONDITION		▲▲▲△△
FAHRSPASS		▲▲▲△△
LANDSCHAFT		▲▲▲▲▲

CHARAKTER Technisch unschwierige Tour, die hauptsächlich auf Schotter- und einigen Teerwegen verläuft. Die Trails sind alle sehr flowig zu fahren, die einzige technisch schwierige Stelle nahe des Riemerschmiedsteins wird als Schiebepassage gemeistert. Auch konditionell relativ einfach, es sind nur zwei Anstiege zu bewältigen.
TOURSTART Am S-Bahnhof Hohenschäftlarn.
PARKEN P+R-Parkplatz am Bahnhof.
EINKEHR Gasthof Brückenfischer nahe Kloster Schäftlarn.
HINWEIS Der Trail durch die Ickinger Au ist nicht ganz unproblematisch. Hier wird zwar auch geritten, trotzdem bitte rücksichtsvoll und schonend fahren!

ROADBOOK

KM 0,0 Start am S-Bahnhof Hohenschäftlarn. Auf Radweg parallel zur Landstraße nach Ebenhausen.

1,40 Ebenhausen. Links auf Teer durch den Ort, dann auf geschotterte Alleestraße. Abfahrt auf Waldwegen ins Isartal.

4,43 Isartal bei Kloster Schäftlarn. Rechts auf Teer, dann Schotterweg. Dieser führt zu einer langen und sehr schönen Trailpassage durch die Ickinger Au bis zum Ickinger Wehr.

7,90 Ickinger Wehr. Ein Stück weit auf Schotterweg an der Isar entlang. Dann auf Trail, schließlich Schotterweg hinauf zur „Weißen Wand" (sehr schöner Ausblick über das Isartal). Nun weiter über schöne Trails entlang der Bahntrasse bis kurz vor Weidach, das letzte Stück auf Teer.

13,03 Weidach-Mühle. Links über die Loisachbrücke in den Ort hinein. Dieser wird auf Nebenstraßen durchquert. Schließlich kurze Trailpassage zur Isarbrücke bei Puppling.

14,99 Isarbrücke. Den Fluss überqueren, dann links auf geteertem Radweg zum Ickinger Wehr.

18,76 Ickinger Wehr. Nun links auf Schotter um den Eisweiher herum, schließlich auf dem Schotterweg am Isarkanal bis zur Kanalbrücke nahe des Kloster Schäftlarn.

23,34 Gasthof Brückenfischer, Einkehrmöglichkeit. Links über Isarbrücke, dann rechts auf Weg über Isardamm nach Norden. Bei Kreuzung mit Trail links und hoch zum Isarradweg.

25,36 Einmündung in Isarradweg. Nun links zur Hohenschäftlarner Straße. Die Straße wird zweimal kurz berührt, Aufstieg aber komplett über Waldwege bis zum Ortseingang Hohenschäftlarn.

26,70 Ortseingang Hohenschäftlarn. Geradeaus ins Ortszentrum, Münchener Straße queren und zum S-Bahnhof.

27,41 S-Bahnhof Hohenschäftlarn. Ende der Tour.

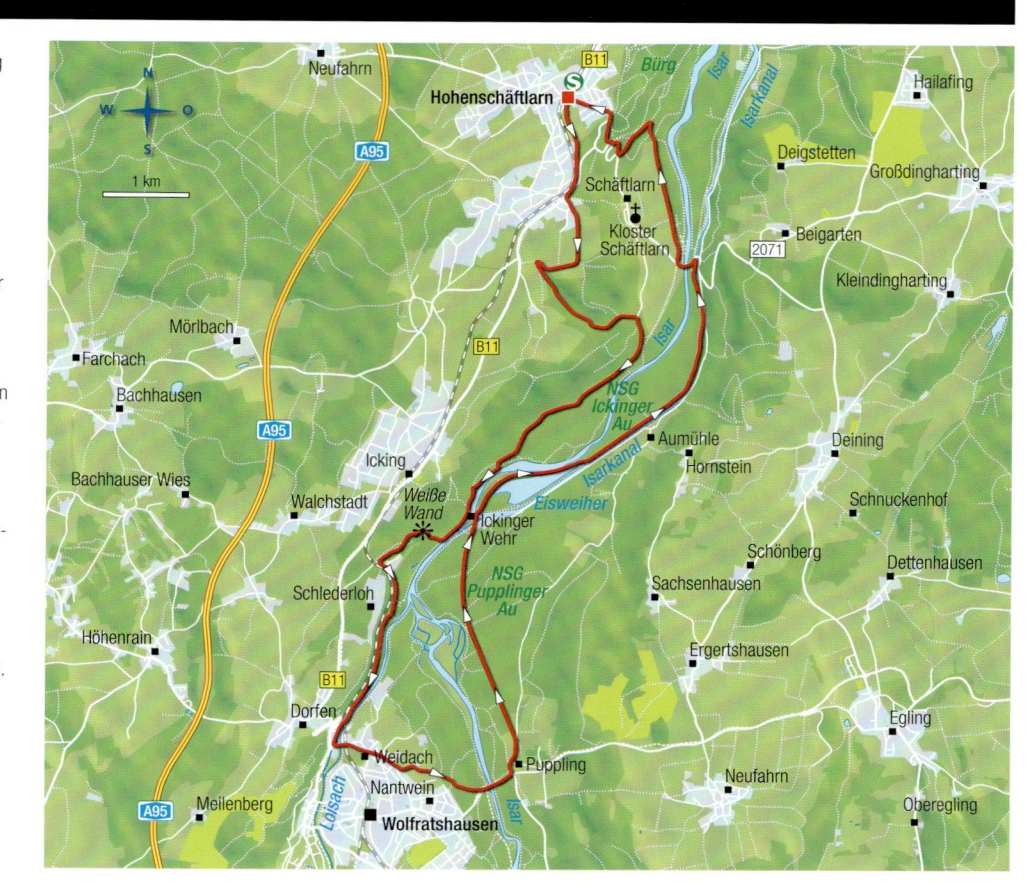

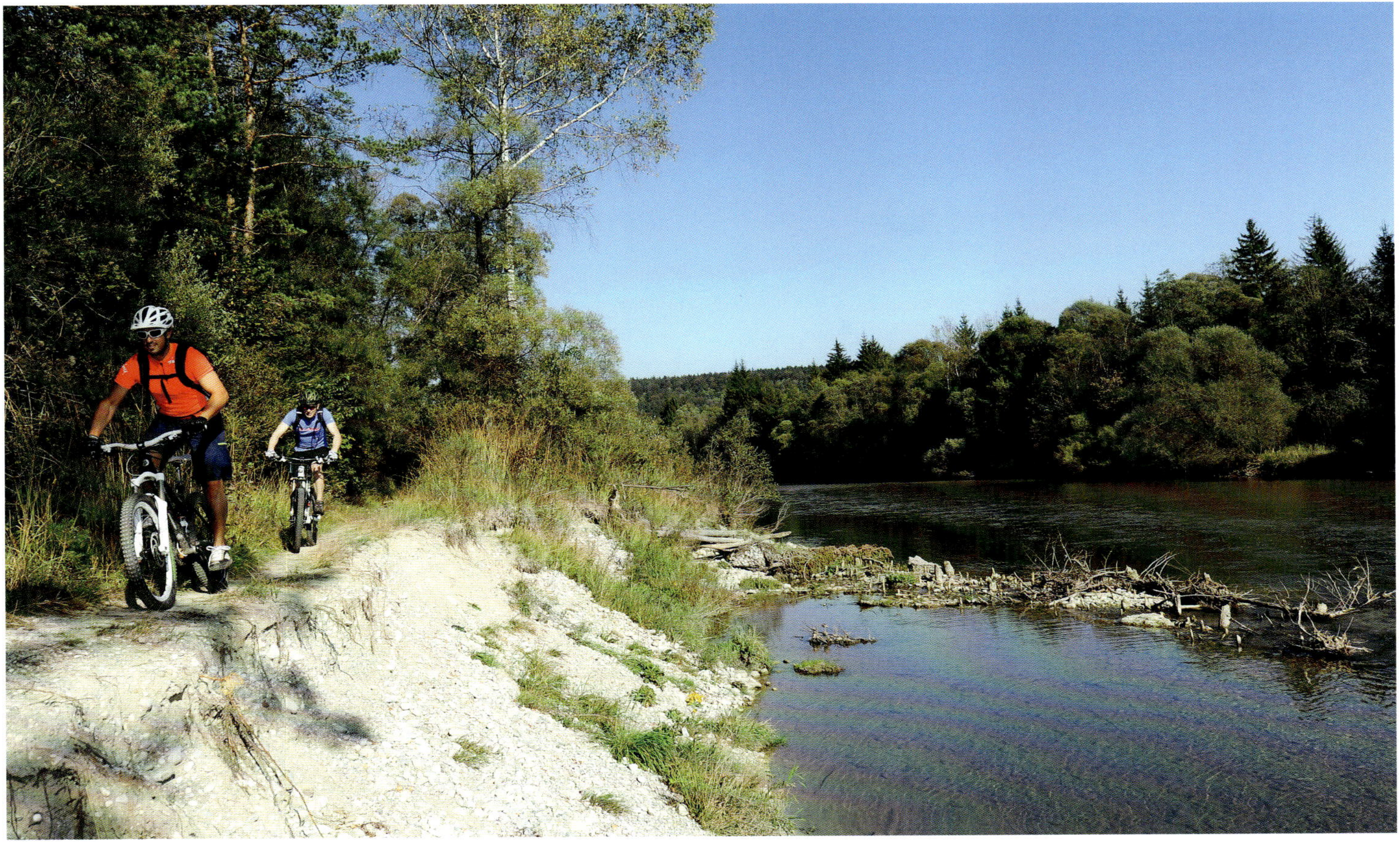

18 Hohenschäftlarn Trailspecial — 15,9 km 408 hm 2:00 h

Wer findet, dass „Mountainbiken" und „Trails fahren" einfach zusammen gehören, für den ist diese Runde genau das Richtige. Nach dem Motto „kurz aber knackig" reizt die Tour das Einspurweg-Potenzial vor Ort konsequent aus.

Mehr Singletrails in eine Runde von knapp 16 Kilometern Länge zu packen, dürfte zumindest außerhalb der Alpen schwierig werden. Doch genau dies war das Ziel bei dieser Routenwahl: eine Tour mit dem maximal möglichen Prozentsatz an Trails aus der Taufe zu heben. Der Westabhang der Isarhochleite zwischen Hohenschäftlarn und dem Kloster Schäftlarn unten im Isartal ist für ein solches Spielchen sicher der am besten geeignete Ort. Unzählige kleine Trails schlängeln sich hier durch den dichten Blätterwald. Die meisten davon sind sehr flowig und schön zu fahren.

Doch wie so oft macht hier die Menge das Gift: Zwar finden sich auf dieser Runde nur wenige wirklich anspruchsvolle Schlüsselstellen (eine davon gleich zu Beginn), aber die Masse von Trails bedingt einen insgesamt doch sehr hohen technischen Anspruch. Die Route richtet sich also an die Trailfanatiker und all diejenigen, die es werden wollen. Wer sich mit dieser Beschreibung nicht identifizieren kann, sollte vielleicht weiterblättern. Denn wie gesagt: Richtig kriminelle Trailabschnitte sind hier zwar keine zu erwarten. Aber da wir es nun einmal mit einer Trailtour zu tun haben,

muss man sich auf weite Strecken sehr gut konzentrieren. Nicht jeder liebt eine solche Tour.
Bei allen Spielchen ist das Potenzial an Einspurwegen vor Ort mit dieser Runde längst nicht ausgenutzt. Doch lässt sich die Ähnlichkeit des Routenverlaufs mit einer Kindergarten-Kritzelzeichnung schon jetzt nicht von der Hand weisen – hier noch mehr Trails einzubauen, hätte die Routenfindung nur zusätzlich erschwert. Sollte der Trailhunger am Ende dieser Runde also noch nicht gestillt sein, gibt's ein probates Gegenmittel: Einfach ein zweites Mal fahren!

HÖHENPROFIL ■ Asphalt 0,8 km – ■ asphaltierter Radweg 1,7 km – ■ Schotter 3,6 km – ■ Waldweg 2,4 km – ■ Trail 7,1 km – ■ Schieben 0,1 km

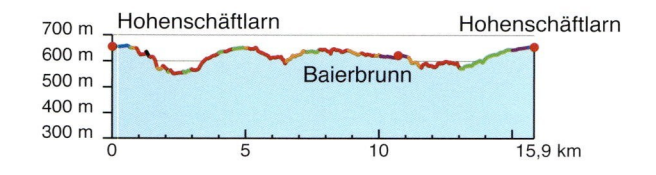

BEWERTUNG	**SCHWER** ▲
TECHNIK	▲▲▲▲▲ △
KONDITION	▲▲▲ △△△
FAHRSPASS	▲▲▲▲▲ △
LANDSCHAFT	▲▲▲▲ △△

CHARAKTER Technisch anspruchsvolle Tour mit hohem Trailanteil. Die eigentlichen Schlüsselstellen der Trails sind zwar nur relativ kurz, doch in der Summe werden hohe Ansprüche an die Fahrtechnik gestellt. Konditionell mittelschwer, allerdings wollen einige Trails auch uphill gefahren sein.
TOURSTART Am S-Bahnhof Hohenschäftlarn (S7).
PARKEN P+R-Parkplatz am Bahnhof.
EINKEHR Der Biergarten am Kloster Schäftlarn liegt nicht direkt auf dem Weg, ist aber mit einem Katzensprung erreicht.
KOMBINATIONSMÖGLICHKEITEN Eine Kombination mit Tour 20 ist möglich und eignet sich sehr gut, um diese mit zusätzlichen Trails anzureichern.
HINWEIS Die Passage am Isarhochufer verläuft teils ausgesetzt – bitte Vorsicht!

ROADBOOK

KM 0,0 Start am S-Bahnhof Hohenschäftlarn. Zur Hauptstraße, dann den Ort in Richtung Osten durchqueren.

0,69 Ortsausgang Hohenschäftlarn. Auf einen Waldweg, dann über einen flowigen Singletrail bergab. Schließlich folgt eine kurze Schiebepassage bergab über eine Treppe bis zu einer Trailkreuzung. Gute Trailfahrer bewältigen auch diese Stelle im Sattel – aber natürlich nur, wenn keine Fußgänger unterwegs sind!

1,42 Nun sehr schöne Trailabfahrt mit technischen Stellen. Bei der Einmündung in den Waldweg geht es kurz bergauf, um wiederum einen technischen Trail mitzunehmen.

2,10 Einmündung in Isarradweg. Ein kurzes Stück nach Norden, dann sofort wieder auf Singletrail. Nochmals kurz auf Isarradweg, dann auf schmalem Trail (Jakobsweg) an der Hangkante entlang in ein Tal. Kurze Schiebepassage bergauf (10 Meter), dann beginnt linkerhand ein Anstieg auf Singletrail.

4,02 Einmündung Trail in Schotterweg. Kurz auf Schotter, dann auf Trail am Waldrand. Schließlich auf Schotter zurück zum Ortseingang Hohenschäftlarn.

5,03 Wieder auf den Waldweg von zuvor, an der Verzweigung dieses mal aber links auf einen Trail, der teils haarscharf an der Hangkante entlang führt. Dies ist eine schöne, flowige Querung, allerdings mit zum Teil etwas ausgesetzten Stellen. Zum Schluss geht es auf einem steilen Trail bergab.

6,56 Einmündung Trail in Waldweg. Hier links bergauf bis zur Kreuzung mit dem Isar-Radweg Richtung Hohenschäftlarn, dort wie zuvor zum Waldrand.

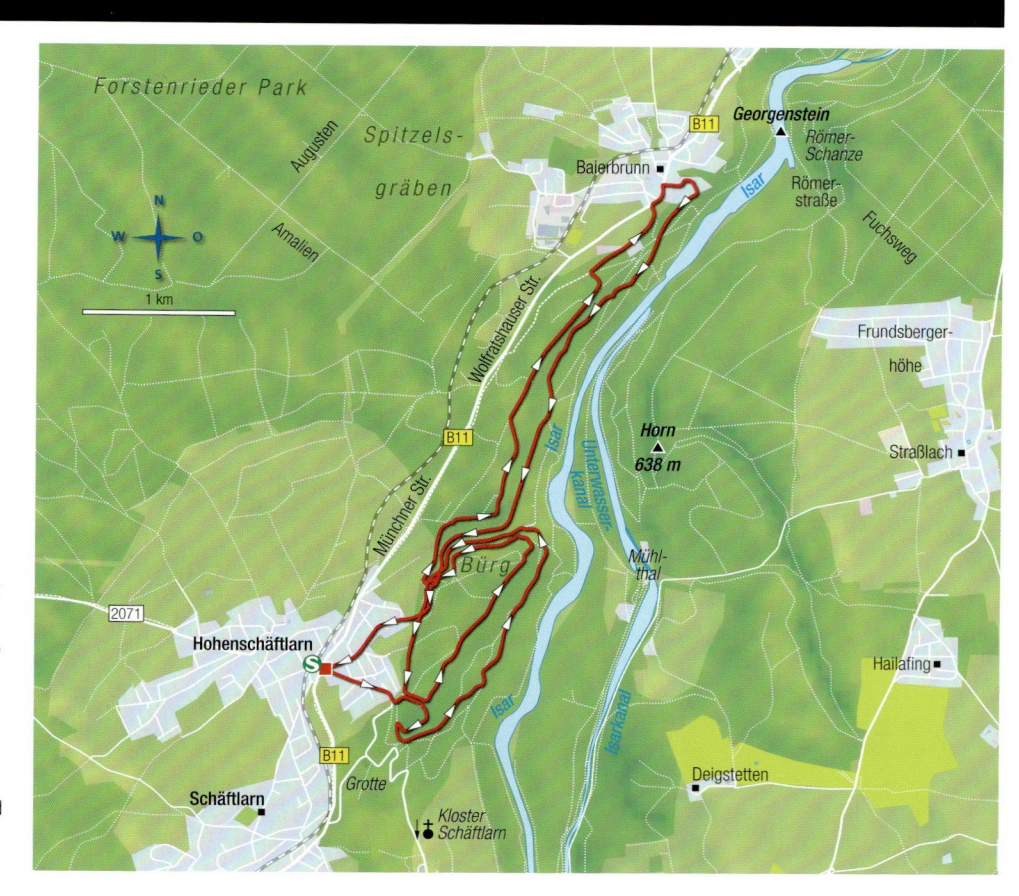

7,46 Wegverzweigung an Waldrand. Nun rechts am Waldrand entlang, schließlich folgt eine sehr schöne Singletrailpassage an der Hangkante. Am Ende wird der Trail verlassen. Dieser scheint dort noch sehr vielversprechend, doch weiter geradeaus herrscht Lebensgefahr (Trail endet an einer Eisentreppe, die über die Felswand nach unten führt)! Stattdessen links auf den Waldweg und unten im Tal über einen geteerten Radweg bergauf nach Baierbrunn.

10,75 Ortsrand Baierbrunn. Kurz ins Ortszentrum, dann sofort auf einer Nebenstraße zum Ortsrand. Dort auf einem Waldweg bergab bis zur Einmündung in den Isarradweg.

11,63 Gleich bei der Einmündung in den Isarradweg beginnt gleich rechts ein Trail. Hier geht es sehr flowig etwas oberhalb des Radwegs in Richtung Schäftlarn.

13,09 Der Trail mündet wieder in den Radweg. Nun auf dem geschotterten Radweg hoch zum Ortsrand von Hohenschäftlarn.

15,06 Ortsrand Hohenschäftlarn. Auf Nebenstraßen durch den Ort zum Bahnhof.

15,86 S-Bahnhof Hohenschäftlarn. Ende der Tour.

19 Römerschanzentrails — 17,6 km 397 hm 2:00 h

Ein echtes Testpiece: Wer auf dieser Runde alles fährt, beweist eine grundsolide Fahrtechnik. Den meisten wird das wohl nicht gelingen. Doch auch wer die kurzen, aber reichlich knackigen Schlüsselstellen schiebt, wird auf dieser Runde viel Spaß haben!

Wer verzwickte Wurzeltrails mag, wird diese Runde lieben. Überhaupt: knackige Schlüsselstellen und längere, technisch anspruchsvolle Passagen finden sich auf dieser Tour zuhauf – wer hier alles fährt, kann getrost von sich behaupten, über eine gute Fahrtechnik zu verfügen! Soll ein solcher Versuch aber realistische Chancen haben, will vor allem der Zeitpunkt für diese Unternehmung gut gewählt sein. Einige Abschnitte der Tour präsentieren sich wie die Isartrails nach Regenperioden gerne für längere Zeit sehr schlammig. Mal ganz abgesehen von den Flurschäden, die unsereins dann hinterlässt (und die manchem ein Dorn im Auge sind) kann von „Spaß" oder „Flow" dann keine Rede sein. Diese Strecke also bitte in Regenperioden meiden und danach etwas Zeit ins Land gehen lassen, damit die Trails abtrocknen können. Wer aber den richtigen Zeitpunkt erwischt, der freut sich über astreine Einspurpfade voller Herausforderungen – die herrliche Landschaft gibt's für alle obendrauf!

Nach dem Tourstart folgt die Route der Hauptstraße Richtung Grünwald. Die erste Kehre lässt sich über einen Trail abschneiden – aber bitte nur, wenn keine Autos kommen! Von der Grünwalder Brücke geht es hinunter zum ehemaligen „Bombenkrater" und zum Isarufer hinunter. Und da wir schon mal ganz unten sind, geht es auch gleich wieder ganz hinauf. Oben folgen wilde Wurzelpassagen und das fahrtechnische Highlight an der Römerschanze. Hier bitte Vorsicht, denn an ein, zwei Stellen täte ein Crash doch sehr weh. Nach Straßlach und dem Wendepunkt der Tour im Mühltal folgt eine lange und technisch teils sehr anspruchsvolle Trailpassage. Eine echte Herausforderung – wer's mag, für den ist es das Höchste!

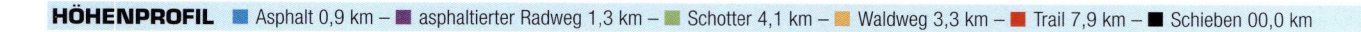

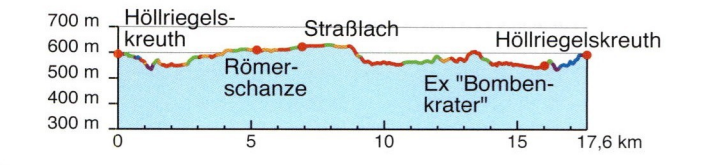

HÖHENPROFIL ■ Asphalt 0,9 km – ■ asphaltierter Radweg 1,3 km – ■ Schotter 4,1 km – ■ Waldweg 3,3 km – ■ Trail 7,9 km – ■ Schieben 00,0 km

BEWERTUNG	**SCHWER** ▲
TECHNIK	▲▲▲▲▲▲
KONDITION	▲▲▲△△△
FAHRSPASS	▲▲▲▲▲△
LANDSCHAFT	▲▲▲▲▲△

CHARAKTER Technisch sehr anspruchsvolle Trailtour. Einige knackige Schlüsselstellen sowie längere anhaltend anspruchsvolle Passagen fordern eine solide Fahrtechnik. Konditionell mittelschwer, wenn auch der teils sandige Boden zum Ende der Tour hin einiges an Kraft fordert.
TOURSTART Am S-Bahnhof Höllriegelskreuth (S7).
PARKEN Parkhaus an der Westseite des Bahnhofs, sonst schlechte Parkmöglichkeiten.
EINKEHR Gasthaus zur Mühle am Isarwehr, ca. 500 Meter vom Wendepunkt der Tour entfernt.
HINWEIS Der Trail nach dem Mühltal kann nach Regenfällen länger schlammig sein. Bitte etwas Zeit zum Abtrocknen vergehen lassen. Gleiches gilt für die Trailpassage vor der Grünwalder Brücke – bei Hochwasser ist diese unpassierbar.

ROADBOOK

KM 0,0 Start am S-Bahnhof Höllriegelskreuth. Auf Nebenstraße zu Radweg, dann auf Hauptstraße Richtung Grünwald. Wenig später zweigt links ein Trail in den Wald ab – wenn Autos kommen, bitte auf der Straße abfahren! Schließlich auf Radweg Grünwalder Brücke überqueren.

1,35 Ende Grünwalder Brücke. Links über den Parkplatz und auf Isarradweg, dann links bergab zum ehemaligen „Bombenkrater". Dort wieder links auf Trail zur Isar. Kurz hinter der Brücke Trailverzweigung, hier links in den Wald.

2,49 Trailkreuzung. Hier auf Waldweg bergauf zu „Gasteig" und über Waldweg, schließlich Trail, hoch zur Isar-Hochleite. Der letzte Abschnitt des Anstiegs ist sehr steil.

3,49 An der Hochleite zweigt rechts ein sehr anspruchsvoller Wurzeltrail ab. Es geht steil bergab und nach einer Kompression gleich wieder steil bergauf. Dieser Trail kann problemlos auf dem Waldweg geradeaus umgangen werden. Weiter auf Waldwegen zur Römerschanze.

5,22 Römerschanze. Die Umrundung der Schanze auf dem Singletrail ist sehr anspruchsvoll. Im Zweifelsfalle einfach auslassen und weiter geradeaus auf Waldweg, dann Forststraße.

6,07 Ein unscheinbarer Singletrail biegt am Beginn einer Schonung rechts ab (falls verpasst, einfach an der folgenden Einmündung in den Radweg rechts). Der Trail mündet in den Radweg, weiter geradeaus nach Straßlach.

7,13 Ortsende Straßlach. Hier rechts auf Trail (kurz nach Abzweig „Hugo-Hofmann-Straße") durch den Wald, bei Forststraße rechts zur Isar-Hochleite, dort links auf Waldweg.

8,67 Wegverzweigung bei „Jesus". Geradeaus Singletrailabfahrt. Zwei Varianten sind möglich, die rechte ist die Anspruchsvollere.

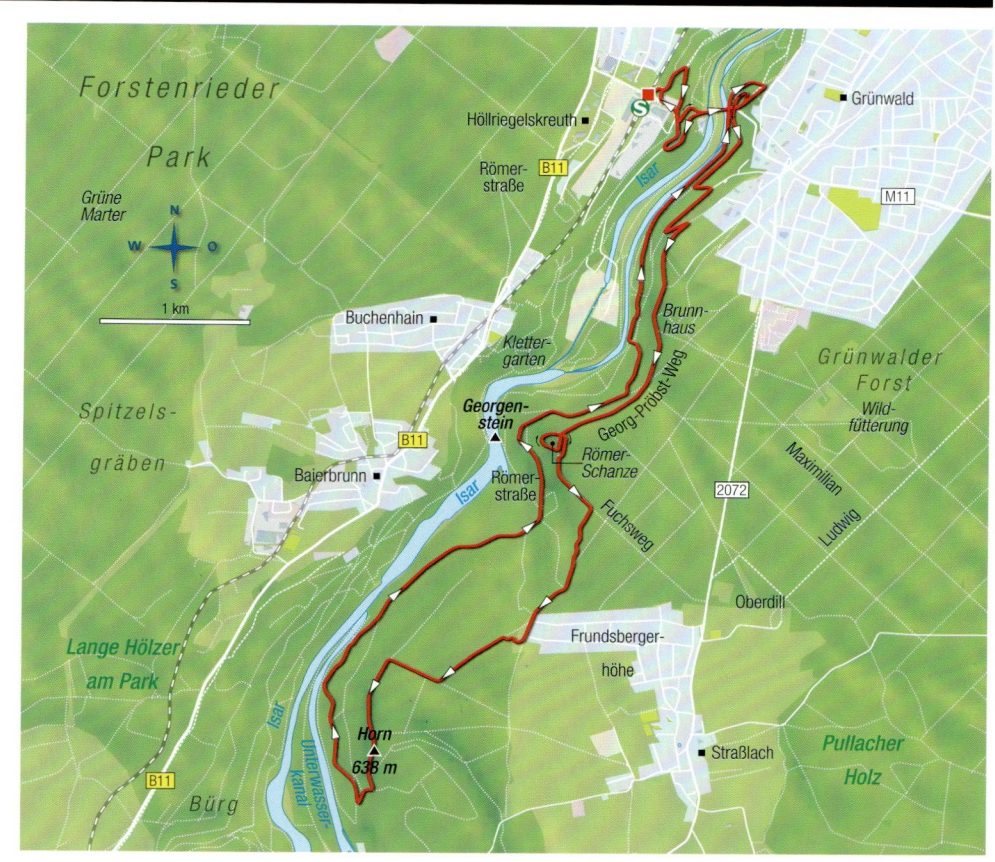

9,11 Einmündung Trail in Schotterstraße. Kurz rechts und sofort wieder links auf Singletrail bergab. An einer meist matschigen Wegkreuzung geht es rechts bergauf. Nun heißt es Augen auf: Nach etwa 100 Metern beginnt links eine lange und anspruchsvolle Trailpassage mit technischen Stellen bergauf und bergab. Der Traileinstieg ist aber leicht zu übersehen.

10,76 Einmündung Trail in Schotterstraße. Geradeaus. Linkerhand zweigen mehrere Zufahrten zum Isarufer ab – hier herrscht Betretungsverbot!

12,14 Wegverzweigung. Geradeaus Richtung Georgenstein Fahrverbot. Hier rechts auf offiziellen Bike-Trail (Hinweisschild).

13,72 Einmündung in Schotterweg. Kurz bergab, dann linkerhand Zugang zum Ufertrail an der Isar entlang. Hier auf sandigem Trail an der Isar entlang zum Bombenkrater. Unter der Grünwalder Brücke muss vor dem Bombenkrater kurz geschoben werden.

16,04 Bombenkrater. Rechts auf Waldweg bergauf und zur Grünwalder Brücke. Die Brücke auf dem Radweg überqueren, dann auf der Hauptstraße bergauf und zur S-Bahn.

17,64 S-Bahnhof Höllriegelskreuth. Ende der Tour.

20 Großhesselohe Trails — 33,7 km 601 hm 2:30 h

Isar live: Hier warten Singletrails vom Feinsten – und bis zum Abwinken. Auch wenn die legendären „Elefantenrücken"-Trails inzwischen leider gesperrt sind, werden zwischen Großhesselohe und Schäftlarn Fahrtechnikfans überreich fündig.

Vom „Elefantenrücken" südlich der Großhesseloher Brücke kursieren einige Geschichten. Nicht wenige Münchner Biker verdanken der teils rutschigen Betonröhre ihre persönliche Portion Adrenalin und blaue Flecken. Geschichte! Im November 2011 tauchten an sämtlichen Einstiegen zu der beliebten Trailpassage unterhalb von Pullach diverse „Radfahren verboten – Betreten auf eigene Gefahr"-Schilder auf, unterschrieben mit „Der Grundstücksbesitzer". Schade, aber nun gut. Wer auf der Suche nach Trails ist, findet hiervon im Verlauf dieser Tour ohnehin mehr als genug. Schon die Abfahrt von Pullach zur Isar startet mit einem „Hallo wach!"-Moment, denn hier wartet wahlweise ein Drop über einen Fels, oder eine Schaltwerk-gefährdende Slalomeinlage. Nach einer kurzen Entspannungsphase bis Buchenhain kommen Trailritter dann richtig auf ihre Kosten. In stetigem Auf und Ab sammelt die Strecke so ziemlich alles an Flowtrail ein, was dieser Abschnitt des Isartals zu bieten hat.

Erst ab der Isarbrücke nahe des Klosters Schäftlarn ist wieder kurzzeitig eine „laid back"-Gangart angesagt – der Weg führt eben entlang des Isarkanals nach Norden. Von der Mühle an ist wieder eine aktivere Fahrweise gefordert: Ein verwinkelter Trail hält einige knifflige Passagen bereit. Es folgt ein kurzes Stück Forstweg, bevor sich wiederum fast der komplette Rückweg zur Großhesseloher Brücke auf feinsten Trails abspielt. Den Abschnitt von der Mühle bis Grünwald teilt sich diese Tour dabei mit der Nachbartour Nummer 19 – es gilt, was schon dort gesagt wurde: Nach Regenfällen können diese Abschnitte öfter mal schlammig sein. Bitte vor der Befahrung etwas Zeit zum Abtrocknen vergehen lassen.

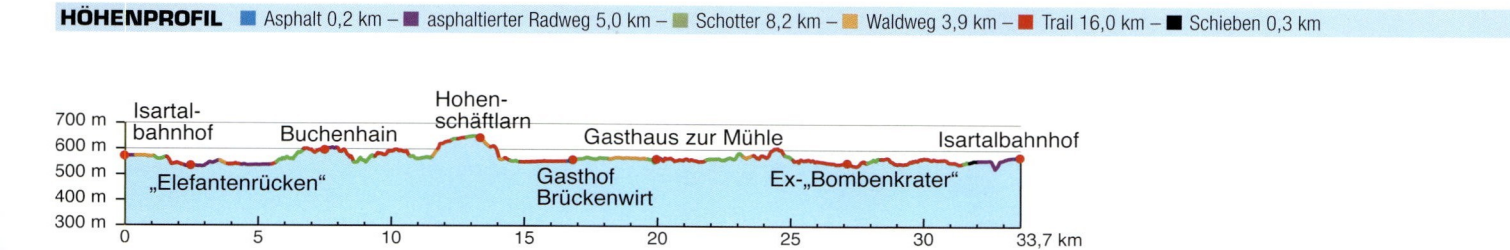

HÖHENPROFIL ■ Asphalt 0,2 km – ■ asphaltierter Radweg 5,0 km – ■ Schotter 8,2 km – ■ Waldweg 3,9 km – ■ Trail 16,0 km – ■ Schieben 0,3 km

BEWERTUNG						**SCHWER** ▲
TECHNIK	▲	▲	▲	▲	▲	△
KONDITION	▲	▲	▲	▲	△	
FAHRSPASS	▲	▲	▲	▲	▲	
LANDSCHAFT	▲	▲	▲	▲	△	

CHARAKTER Technisch schwierige Trailtour mit einigen knackigen Schlüsselstellen und auch längeren anspruchsvollen Passagen. Einige teils steile Anstiege, auch auf Trail, gestalten die Tour zudem nicht unanstrengend.
TOURSTART Am S-Bahnhof Großhesselohe (S7).
PARKEN Beschränkte Parkmöglichkeiten am Bahnhof.
EINKEHR Gasthof zum Brückenfischer, Gasthaus zur Mühle.
KOMBINATIONSMÖGLICHKEITEN Eine Kombination mit Tour 18 „Hohenschäftlarn Trailspecial" ergibt ein wahres Trailfeuerwerk.
HINWEIS Auf den „Elefantenrücken"-Trails herrscht seit November 2011 Fahrverbot.

ROADBOOK

KM 0,0 Start am Isartalbahnhof Großhesselohe. Rechts durch den Ort, dann am Ortsrand durch Grünanlage und den Wald zur Isar-Hochleite. Dort auf Schotter Richtung Süden.

1,59 Rechts zweigt eine anspruchsvolle Trailabfahrt ab. Im Tal Einmündung in die Trailpassage in Richtung „Elefantenrücken". Auf dem letzten Abschnitt dieser Trails herrscht aber Bikeverbot, daher in den Isar-Radweg abbiegen.

2,27 Einmündung in Isar-Radweg. Auf den Trails geradeaus Bikeverbot, daher auf Radweg entlang der Isar nach Süden.

3,60 Abzweig Waldweg von Straße nach Höllriegelskreuth. Der Waldweg führt zu einer schönen Singletrail-Passage parallel zum Radweg.

4,40 Einmündung Trail in Radweg. Unter der Grünwalder Brücke hindurch und auf Teerweg parallel zum Isarkanal.

5,54 Kurz vor dem Isarwehr biegt rechts ein Singletrail ab. Weiter über Schotterstraßen hinauf zur Isarhochleite kurz vor Buchenhain.

6,73 Am Ende der Steigung quert ein Singletrail. Hier links und oberhalb des Klettergartens entlang. Der Trail mündet in einen Waldweg und in den Radweg Richtung Schäftlarn.

7,83 Ortsausgang Buchenhain. Links auf eine Teerstraße. Bald folgt eine sehr schöne, aber anspruchsvolle Trailabfahrt hinunter zur Isar. Dort weiter auf Schotter nach Süden.

9,45 Abzweig Trail von Radweg. Der Trail führt meist leicht aufwärts, aber immer flowig durch den Wald.

10,76 Einmündung Trail in Radweg. Weiter auf Schotter Richtung Schäftlarn.

11,79 Trailanstieg Richtung Hohenschäftlarn. Oben kurz auf Schotter, dann auf Trail am Waldrand. Schließlich wieder auf Schotter zum Ortseingang von Hohenschäftlarn.

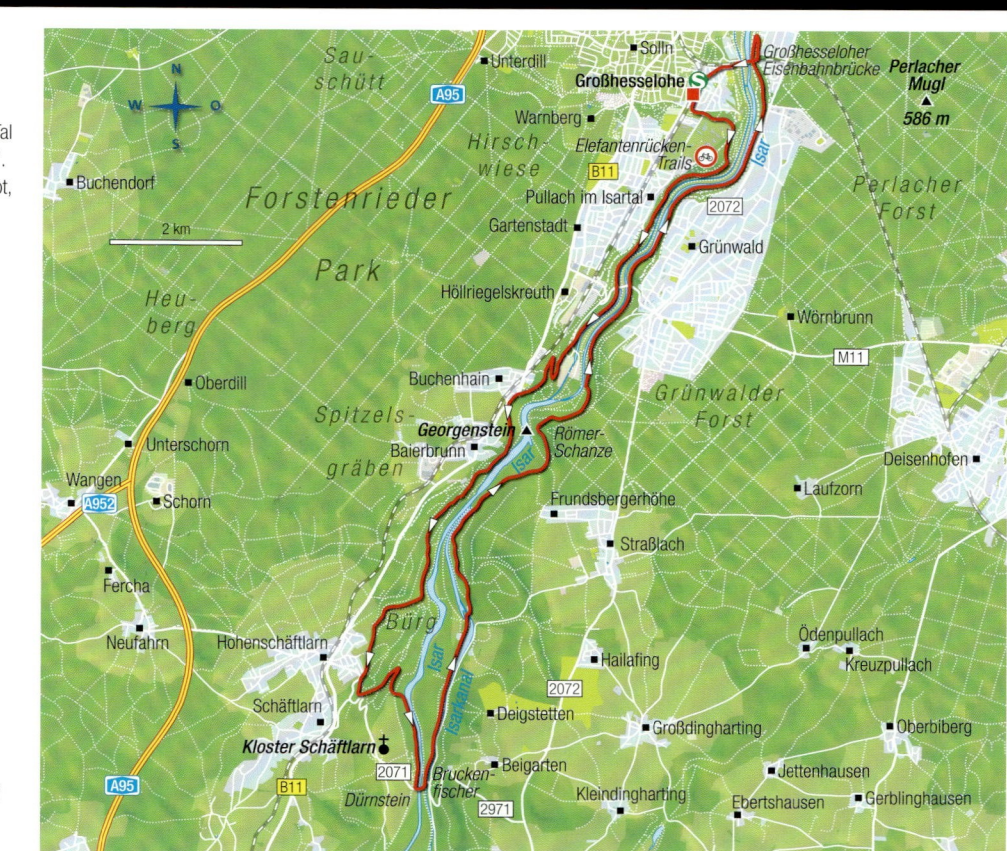

13,39 Hohenschäftlarn. Auf Waldweg bergab, es folgt eine anspruchsvolle Trailpassage hinunter zum Isarradweg. Hier wieder Richtung Kloster Schäftlarn, schließlich auf Trail zur Isar und auf kleinem versteckten Trail am Ufer entlang zur Isarbrücke.

16,87 Gasthof zum Brückenfischer, Einkehrmöglichkeit. Nun auf Schotterwegen entlang des Isarkanals nach Norden bis zum Wasserkraftwerk.

20,02 Gasthaus zur Mühle, Einkehrmöglichkeit. Kurz auf Teer, dann beginnt eine sehr anspruchsvolle Trailpassage.

21,91 Einmündung Trail in Schotterweg. Geradeaus, bei diversen Zufahrten zum Isarufer stehen Hinweisschilder für ein Betretungsverbot.

23,29 Geradeaus in Richtung Georgenstein herrscht Bikeverbot. Hier rechts auf die offizielle Mountainbike-Route ausweichen, schöner Singletrail, allerdings oft schlammig.

24,88 Kurz auf Schotter bergab Richtung Isar. Dann Abzweig zur Singletrail-Passage am Isarufer Richtung Grünwald.

27,20 Kurze Schiebepassage (10 Meter) unterhalb der Gründwalder Brücke. Nun am ehemaligen „Bombenkrater" (eingezäuntes Gelände) auf Singletrail. Es folgt eine lange Trailpassage, unterbrochen von einem kurzen Schotterstück, bis zur Großhesseloher Brücke.

31,60 Einmündung Trail in Radweg. Kurz rechts auf „Schlichtweg" bergauf, sehr technische Trailauffahrt, zum Ende hin Schiebepassage.

32,12 Einmündung in Radweg, rechts zur Großhesseloher Brücke, Talseite wechseln und auf Nebenstraßen durch Großhesselohe zum Isartalbahnhof.

33,69 Isartalbahnhof. Ende der Tour.

21 München für Dummies — 28,8 km 224 hm 2:30 h

Neu-Münchener aufgepasst: Diese Tour ist eine Art Sightseeing-Crashkurs auf Stollenreifen und zeigt die (schrägen) Sehenswürdigkeiten der Landeshauptstadt en bloc. Wer danach immer noch Heimweh hat, dem ist leider nicht zu helfen!

Den Bewohnern der bayerischen Landeshauptstadt sagt man nicht ganz ohne Berechtigung eine gewisse Schroffheit im Wesen nach. Nun, Hunde die bellen, beißen nicht. Doch frisch „Zuagroasde" benötigen meist eine gewisse Akklimatisationsphase, bevor sie sich in München so richtig heimisch fühlen. Nun, lieber Neubürger: Diese Runde ist für dich – als perfekte Medizin gegen Heimwehgefühle jeglicher Art!

Kaum zu glauben, dass sich eine Tour mit einem dermaßen hohen Anteil an Trails dennoch komplett auf Münchener Stadtgebiet abspielt. Tatsächlich fällt einem zwischen dem Deutschen Museum und Fröttmanning die Vorstellung oft genug schwer, dass man sich immer noch mitten in der Großstadt befindet.

Ist aber so. Neben astreinen Trails in einer urwüchsigen Isarlandschaft wartet ein wahrer Sightseeing-Trip, sozusagen ein „Crashkurs für Neigschnupfde": Diese Tour reiht in einem großen Rundumschlag alles auf, was München aus- und als Stadt so lebenswert macht. Angefangen mit der Allianz-Arena des FC Bayern in Fröttmaning (ja, lieber Neubürger, das musst du schlucken!) über urtümliche Biergärten wie dem Aumeister oder dem Chinesischen Turm bis hin zu den „Nackerdn" im Englischen Garten und den Surfern im Eisbach – die schrägen Sehenswürdigkeiten der Landeshauptstadt sind hier alle vertreten. Keine Frage: Wenn du nach dieser Runde – vielleicht mit einer Maß im Gesicht und einem Sonnenbrand auf dem Bauch – wieder am Deutschen Museum einrollst, wirst auch du laut „Mia san mia" rufen. Und du wirst wissen, dass München genau der richtige Platz für dich ist! Was denn? Immer noch kein München-Fan? Nachad zupf di hoid, Saupreiß varreggda!

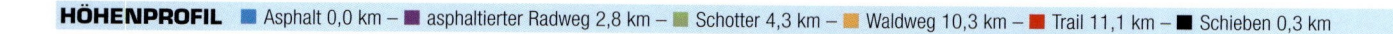

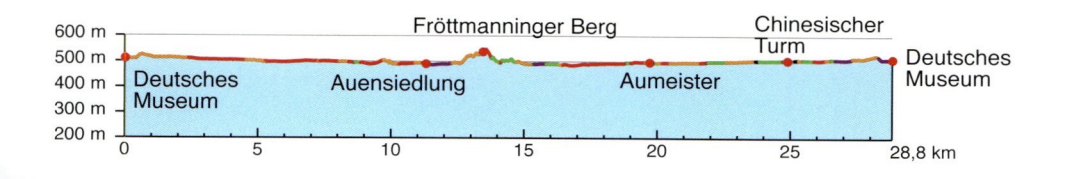

HÖHENPROFIL — Asphalt 0,0 km — asphaltierter Radweg 2,8 km — Schotter 4,3 km — Waldweg 10,3 km — Trail 11,1 km — Schieben 0,3 km

BEWERTUNG	MITTEL ▲
TECHNIK	▲▲▲▲△
KONDITION	▲▲▲△△
FAHRSPASS	▲▲▲▲▲
LANDSCHAFT	▲▲▲▲△

CHARAKTER technisch relativ anspruchsvolle Tour mit sehr hohem Trailanteil. Von der steilen Abfahrt vom Fröttmaninger Berg mal abgesehen, fehlen hier zwar wirklich schwere Passagen, doch die Menge macht das Gift. Gleiches gilt für den konditionellen Anspruch: Außer dem Fröttmaninger Berg sind kaum Anstiege zu bewältigen, doch die vielen Trails summieren sich zu einer anstrengenden Runde.
TOURSTART Bushaltestelle gegenüber dem Deutschen Museum.
ANFAHRT Über S-Bahnhof Isartor (jede Linie).
PARKEN Vergiss es!
EINKEHR Biergärten Aumeister, Kleinhesseloher See, Chinesischer Turm.
HINWEIS Nach Regenfällen präsentieren sich die meisten Trails sehr schlammig – besser etwas abtrocknen lassen. Bei Hochwasser ist der Trail bei der Max-Josephs-Brücke unter Wasser und daher unpassierbar.

ROADBOOK

KM 0,0 Start an der Bushaltestelle gegenüber dem Deutschen Museum. Auf Fußwegen zur Museumsinsel, dann auf Radweg Richtung Maximilianeum und immer auf dem Hauptweg an der Isar entlang.

2,38 Max-Joseph-Brücke. Am Ende der Unterführung hebt man sein Bike kurz über das Geländer und schiebt zehn Meter bergab. Dann folgt eine lange und lustige Trailpassage am Isarufer (bei Hochwasser unpassierbar – und längere Zeit danach ebenfalls). Schließlich führt der Trail auf zwei Meter Distanz parallel am Hauptweg entlang.

4,98 Wehr Oberföhring. Kurz vor und nach dem Wehr insgesamt 600 Meter Schotterweg, dann weiter auf Trail. Es lockt ein kleiner Dirtpark nebst Pumptrack, dann geht es weiter auf Trail an der Isar entlang.

8,65 Der Trail mündet in eine Schotterstraße, hier weiter Richtung Unterföhringer See (das letzte Stück wieder Trail).

9,07 Unterföhringer See. Auf Trail runter zur Isar und schöne Trailpassage am Isarufer bis zu einer Sandbank. Hier wieder rechts hoch zum Radweg und zur nächsten Brücke.

9,93 Isarbrücke. Hier die Isar überqueren, kurz auf Schotter, dann rechts weiter auf Trail (Reitweg) in Richtung der Autobahn und für ein Stück parallel dazu Richtung Fröttmaning.

11,31 Auensiedlung. Die Siedlung auf Teer durchqueren, über die Freisinger Landstraße und auf Teer hoch zum Fröttmaninger Berg.

13,45 Fröttmaninger Berg. Klasse Aussicht über München und auf die Allianz-Arena. Dann auf Trail bergab zur Heiligkreuzkirche und wieder zurück zur Auensiedlung.

15,41 Moschee Fröttmaning. Hier auf Teer in den Wald zum Parkplatz, dann auf Schotter am Isarkanal entlang zur Isar.

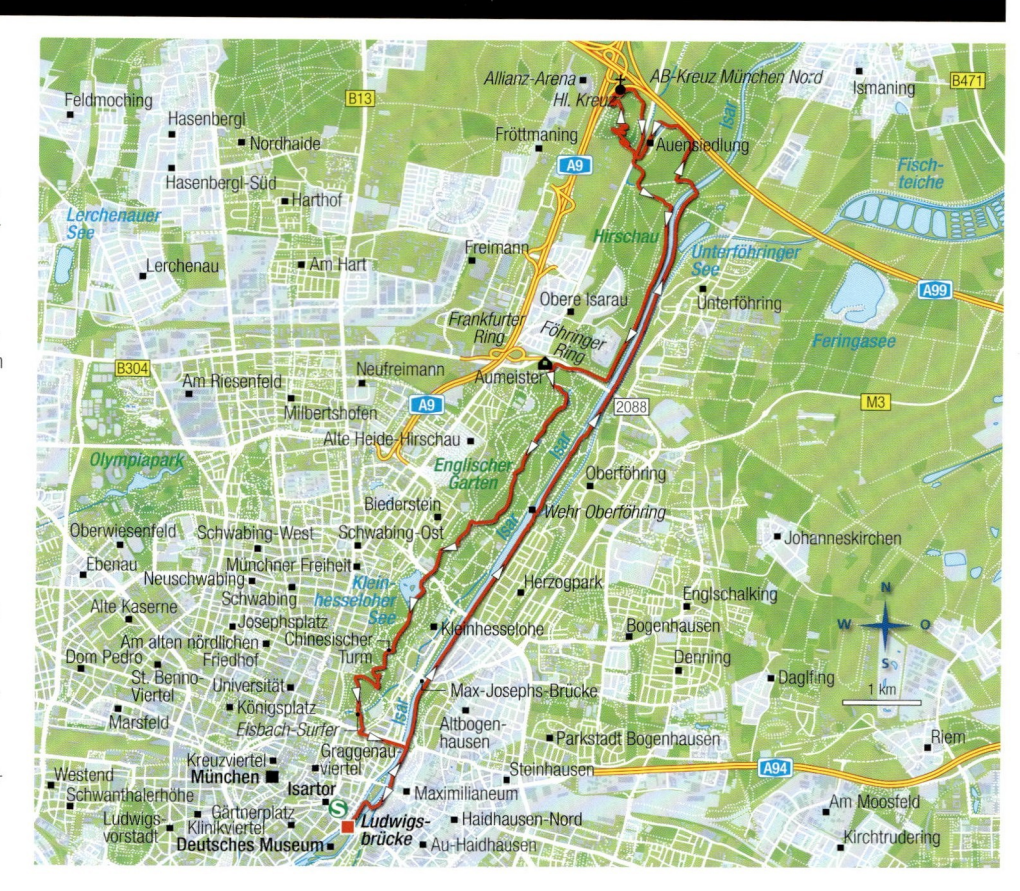

16,46 An der Einmündung des Isarkanals in die Isar beginnt ein langer Trail. Dieser ist teils etwas verwachsen, aber immer deutlich und nett zu fahren. Mit nur sehr kurzen Schotterpassagen geht's jetzt überwiegend auf Trail bis zum Aumeister.

19,71 Biergarten Aumeister, lohnende Einkehrmöglichkeit. Nun überwiegend auf Schotterwegen (zweimal kurz Trail) durch den Englischen Garten zum Kleinhesseloher See.

23,71 Kleinhesseloher See. Schöner Biergarten am See. Weiter auf den Hauptwegen zum Chinesischen Turm.

24,88 Chinesischer Turm. Ein ur-münchener Biergarten, oft mit Humtata. Weiter auf Schotterwegen über den Monopteros zum Eisbach.

26,67 Eisbach. Die „stehende Welle" ist legendär – hier tummeln sich Münchens Wellenreiter. Nun auf Radweg entlang der Hauptstraße zur Isar, dort Einmündung in die Strecke des Hinwegs – zurück zum Deutschen Museum.

28,82 Deutsches Museum. Ende der Tour.

22 Taubenberg und Mangfalltal — 35,5 km 693 hm 3:00 h

Das Mangfalltal bildet den Trinkwasserspeicher der Stadt München – und hält neben einer traumhaften Landschaft auch sehr schöne Wege bereit. Ein Highlight ist der Aussichtsturm auf dem Taubenberg mit einem Alpenpanorama vom Feinsten.

Gut vier Fünftel des Trinkwassers von München stammen direkt aus dem Mangfalltal. Für Mountainbiker ist diese Information durchaus von Relevanz. Weniger, weil man befürchten müsste, sich nach einer Panne fortan die Zähne mit einem Nachgeschmack von Kettenöl zu putzen – dies ist schon aufgrund der Verdünnung kaum zu erwarten. Doch die schiere Menge an Wasser, die hier aus Hunderten von Hangquellen rinnt, begrenzt das Zeitfenster beträchtlich. Tatsächlich habe ich mich bei einer ersten Erkundungstour im Mangfalltal komplett eingesaut und diese entnervt abgebrochen. Mithin eignet sich diese Runde eher für heiße Sommertage oder für das Ende einer längeren Trockenperiode. Wer aber den richtigen Tag erwischt, wird von dieser Tour noch länger schwärmen. Hier wird einem erst klar, wie weit der S-Bahn-Radius von München tatsächlich reicht: Vom Taubenberg aus meint man einen Stein zu den Tegernseer Bergen werfen zu können. Und wenn man bedenkt, wie viele Autos täglich über die Mangfall-Brücke der A8 rauschen, und wie wenige Leute dann tatsächlich unten im Tal anzutreffen sind, scheint man sich in einem wahren Paradies zu befinden. Die Runde sucht sich erst durch Wälder und freies Feld ihren Weg nach Süden, wo der Anstieg zum Taubenberg ein steiles Hindernis darstellt. Die Aussicht auf dem gemauerten Turm ganz oben ist dafür grandios! Auf breiten Forststraßen geht es bergab ins Mangfalltal, wo Informationstafeln am „M-Wasserweg" von der Bedeutung dieses Tales für München erzählen. Auf dem letzten Drittel der Tour warten dann noch einige nette Trails. Diese trocknen jedoch auch bei heißem Wetter nie vollständig ab und sind häufig sehr rutschig. Einige fahrtechnische Skills sind also vonnöten.

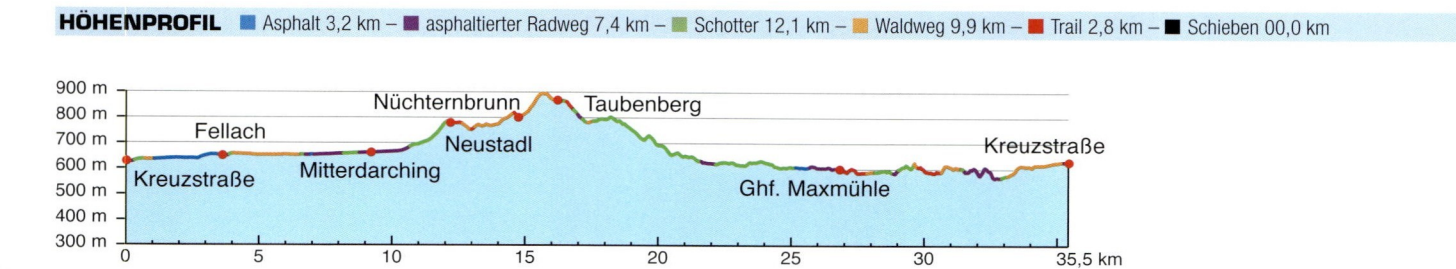

HÖHENPROFIL ■ Asphalt 3,2 km – ■ asphaltierter Radweg 7,4 km – ■ Schotter 12,1 km – ■ Waldweg 9,9 km – ■ Trail 2,8 km – ■ Schieben 00,0 km

BEWERTUNG	**MITTEL** ▲
TECHNIK	▲▲▲▲△
KONDITION	▲▲▲▲△
FAHRSPASS	▲▲▲▲▲△
LANDSCHAFT	▲▲▲▲▲

CHARAKTER Konditionell wegen einiger, auch steiler Anstiege durchaus anspruchsvolle Tour. Die Singletrails halten nur wenige wirklich tricky Stellen bereit, dafür sind sie mit ihrem Kieseluntergrund häufig sehr rutschig, und können durchaus auch einmal hinterfotzig werden.
TOURSTART Am S-Bahnhof Kreuzstraße (S7).
PARKEN P+R-Parkplatz am Bahnhof.
EINKEHR Gasthof Taubenberg mit sehr schöner Aussicht oder Gasthof Mühltal (sehr schön im Mangfalltal gelegen).
BESTE TOURENZEIT Bitte diese Tour nur am Ende längerer Trockenperioden fahren – nach Regenfällen unbedingt meiden!
HINWEIS Die Trails auf dieser Tour haben überwiegend einen festen Untergrund, sind aber häufig rutschig. Unterwegs zweigen im Mangfalltal immer wieder Singletrails von der beschriebenen Tour ab. Diese enden aber meist im Nirgendwo oder werden bald morastig.

ROADBOOK

KM 0,0 S-Bahnhof Kreuzstraße. Ein kurzes Stück auf Waldweg. Leider ist der „Teufelsgraben" sehr morastig, weswegen auf die Teerstraße nach Fellach ausgewichen wird.

3,61 Fellach. Über Waldwege nach Unterdarching.

7,03 Unterdarching. Weiter auf Feldweg nach Mitterdarching, dann durch den Ort nach Oberdarching.

10,24 Oberdarching. Beginn des Anstieges zum Taubenberg über schöne Waldwege, zum Ende hin steil. Auf der Höhe warten kurze Trailpassagen.

14,36 Der erste Abzweig zur Wallfahrtskirche Nüchternbrunn wird ignoriert – etwas weiter vorne wartet ein schöner Singletrail. Von der Kirche wieder hoch zum Grat und weiter über schöne Waldwege zum Taubenberg.

16,20 Taubenberg, Aussichtsturm. Herrliches Panorama! Beginn der langen Abfahrt auf Schotterstraßen ins Mangfalltal.

21,65 Mangfalltal, Beginn „M-Wasserweg". Auf zuerst geteertem, dann geschottertem Radweg durch das Tal.

26,81 Gasthof Maxmühle, Einkehrmöglichkeit. Kurz danach beginnt ein sehr schöner Singletrail, gefolgt von Waldwegen, der zur Mangfallbrücke unterhalb von Valley führt.

29,03 Ein kurzes Teerstück nach der Brücke, dann zweigt ein Waldweg ab, der schließlich in einen schönen Trail mündet. Hier am Flussufer entlang nach Norden.

30,64 Weiter auf Waldweg.

31,51 Weiter auf wenig befahrener Teerstraße.

33,15 Ein letzter Anstieg auf einem Waldweg führt zurück zum Bahnhof.

35,45 S-Bahnhof Kreuzstraße. Ende der Tour.

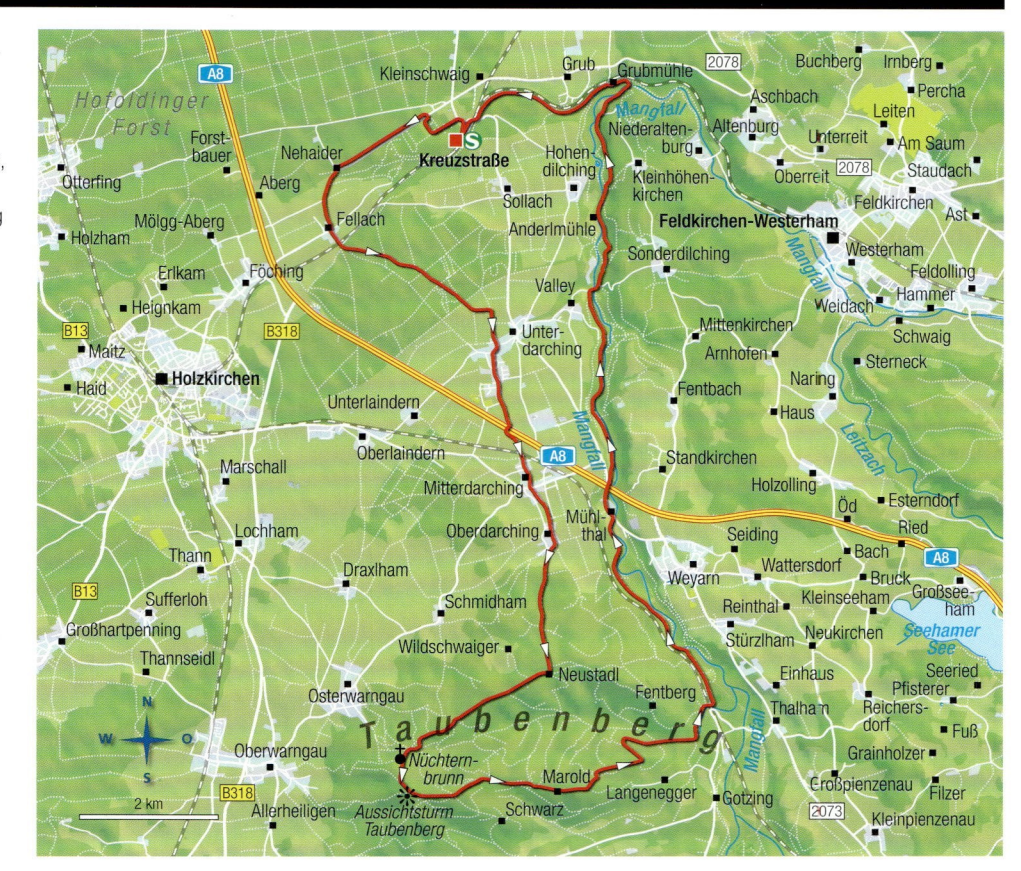

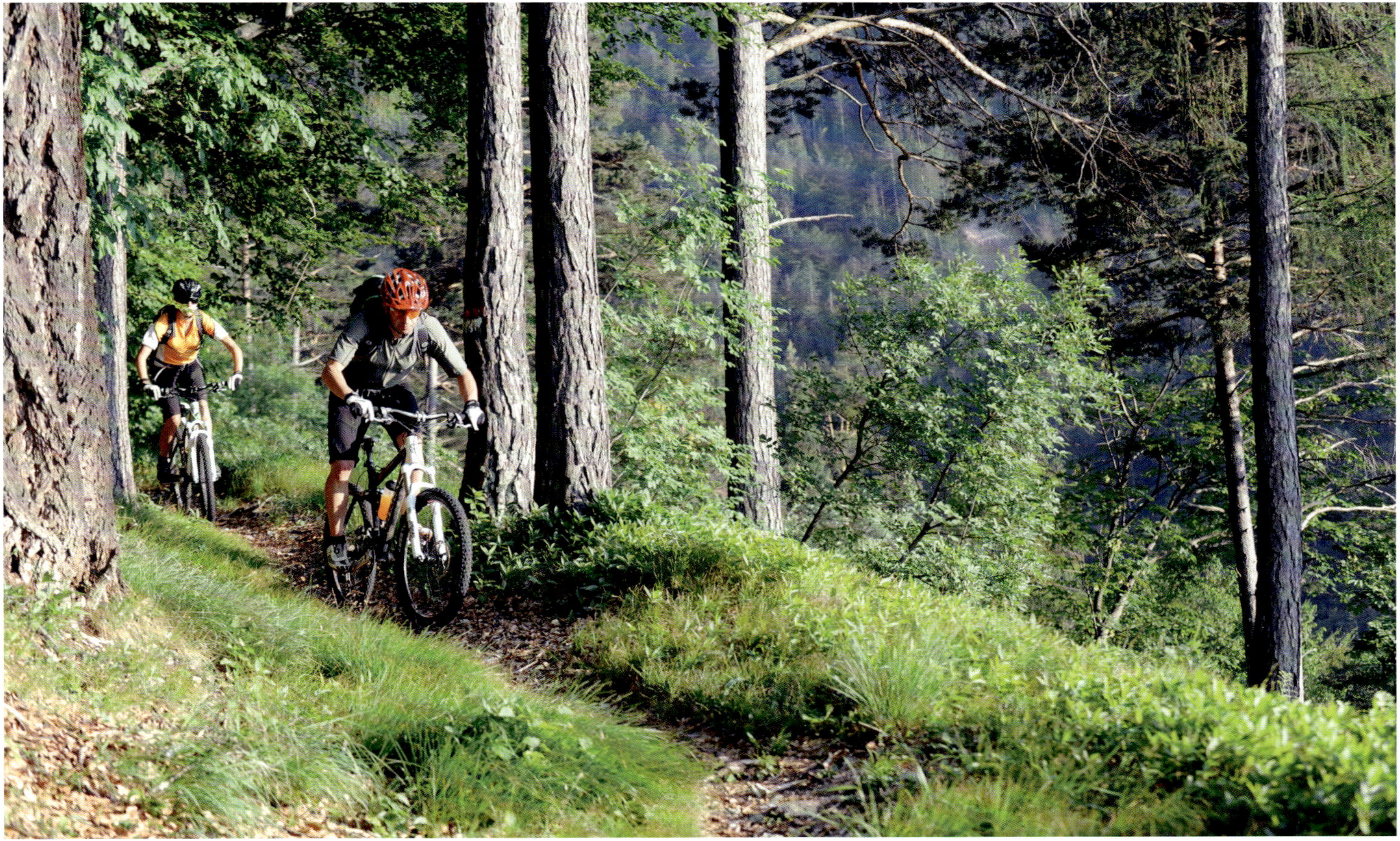

23 Ebersberger Obelix-Trails   33,2 km 368 hm 2:30 h

Es dauert etwas, bis diese Runde durch den Ebersberger Forst die Sau rauslässt. Auf dem Hinweg Richtung Ebersberg ist doch einiges an Schotter und Teer dabei. Ab dem Aussichtsturm dreht die Runde aber gewaltig auf. Trailfans werden hier ihre helle Freude haben!

Wer sich schon länger einmal gefragt hat, woher die Gemeinde Ebersberg ihren lustigen Namen hat, wird auf dieser Tour darüber aufgeklärt. Die Wildsau ist nämlich beileibe nicht nur das Maskottchen des Ebersberger Forsttrails! Der Staatsforst nördlich von Ebersberg zählt zu den größten zusammenhängenden Waldgebieten Bayerns und ist gleichzeitig für seinen hohen Wildbestand berühmt. Unterwegs muss man noch nicht einmal besonders genau hinsehen, um überall die Wühlspuren und Suhllöcher dieser großen Schwarzkittel wahrzunehmen – im Forst wird auf diversen Schildern vor „bissigen Wildschweinen" gewarnt. Dies ist keineswegs als Scherz gemeint. Zwar sind die Schwarzkittel im Allgemeinen recht scheu, kommt es aber zu einer Begegnung, sollte der Klügere nachgeben. Wer sich die Hauer von Obelix' Leibspeise einmal genauer angesehen hat, weiß, wovon ich rede. Echte Trailfans lassen sich davon aber mit Sicherheit nicht abschrecken. Zumal im Ebersberger Forst einer der längsten zusammenhängenden bayerischen Trails jenseits der Alpen lockt. Eigentlich wurde dieser als Wanderweg konzipiert, steht aber – unschwer nachvollziehbar – bei Mountainbikern hoch im Kurs. Nach dem bekannten Aussichtsturm und dem Egglburger See hält sich die Fußgängerfrequenz ohnehin in Grenzen. Ergo: Diesen Trail zu befahren, sollte schon in Ordnung gehen – aber bitte mit Rücksicht und Bedacht! Vernunft beweist auch, wer diese Tour nach Regenfällen noch einige Zeit lang meidet. Der Waldboden hier kann sich leicht mal schlammig präsentieren. Und abgesehen vom Flurschaden den unsereins dann anrichtet: Wer hat schon Lust, sich auf einer Tour komplett einzusauen?

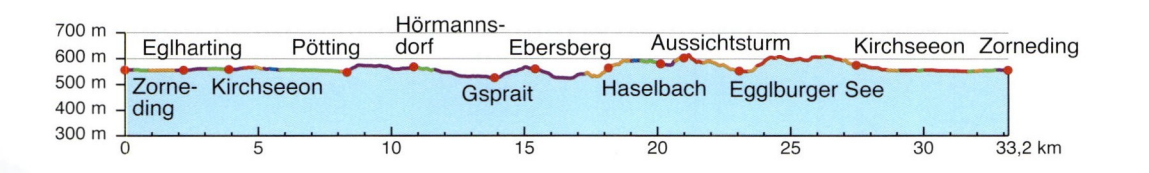

HÖHENPROFIL ■ Asphalt 0,5 km – ■ asphaltierter Radweg 12,1 km – ■ Schotter 6,4 km – ■ Waldweg 6,5 km – ■ Trail 7,7 km – ■ Schieben 00,0 km

BEWERTUNG	MITTEL ▲
TECHNIK	▲▲▲▲△
KONDITION	▲▲▲△△
FAHRSPASS	▲▲▲▲▲
LANDSCHAFT	▲▲▲△△

CHARAKTER Technisch anspruchsvolle Tour mit längeren, teils auch kniffligen Trailpassagen sowie einigen technisch anspruchsvollen Schlüsselstellen. Konditionell mittelschwer, bedingt durch ein paar steilere Anstiege, teils auch auf Trail. Da sich die erste Hälfte der Tour überwiegend auf Schotter- und Teerwegen abspielt, ist die Gesamtbewertung der Tour gerade noch mittelschwer.
TOURSTART Am S-Bahnhof Zorneding (S3).
PARKEN P+R-Parkplatz am Bahnhof.
EINKEHR Ebersberger Alm, etwas unterhalb des Aussichtsturms, schöner Biergarten.
HINWEIS Nach längeren Regenfällen sind die Trails im Ebersberger Forst oft sehr schlammig – bitte etwas Zeit zum Abtrocknen verstreichen lassen!

ROADBOOK

KM 0,0 Start am S-Bahnhof Zorneding. Auf einem Schotterweg entlang des Bahngleises nach Eglharting.

2,19 Eglharting. Der Ort wird durchquert, dann auf Schotterwegen und einem kleinen Trail nach Kirchseeon.

5,63 Kirchseeon. Auf Schotterwegen im Wald am Bahngleis entlang, dann über freies Feld nach Hörmannsdorf.

10,83 Hörmannsdorf. Auf Feldwegen Richtung Ebersberg, der Ort wird aber auf Radwegen großräumig umfahren. Schließlich zum Bahnhof am Ortsende und weiter auf Radweg zum Gewerbegebiet.

16,73 Kumpfmühle. Auf Teer bergauf zum Ortseingang Ebersberg, dann durch ein Tal und hoch nach Haselbach.

18,31 Haselbach. Nun über schöne Feld- und Waldwege nach Anzing und hinauf zum Ebersberger Aussichtsturm.

20,98 Aussichtsturm Ebersberg. Auf sehr schönen Trails und Waldwegen zum Egglburger See. Vorsicht Fußgänger!

23,42 Egglburger See. Beginn einer langen und kurzweiligen Trailpassage Richtung Kirchseeon.

27,45 Friedhof Kirchseeon. Kurz auf Schotter in den Wald und weiter auf Singletrail. Ab jetzt nur noch kurze Passagen auf Waldwegen und Schotterstraßen, der Rest spielt sich auf Trail ab!

32,24 Ende Ebersberger-Forsttrail. Weiter auf Schotter entlang der Bahnlinie nach Zorneding.

33,16 S-Bahnhof Zorneding. Ende der Tour.

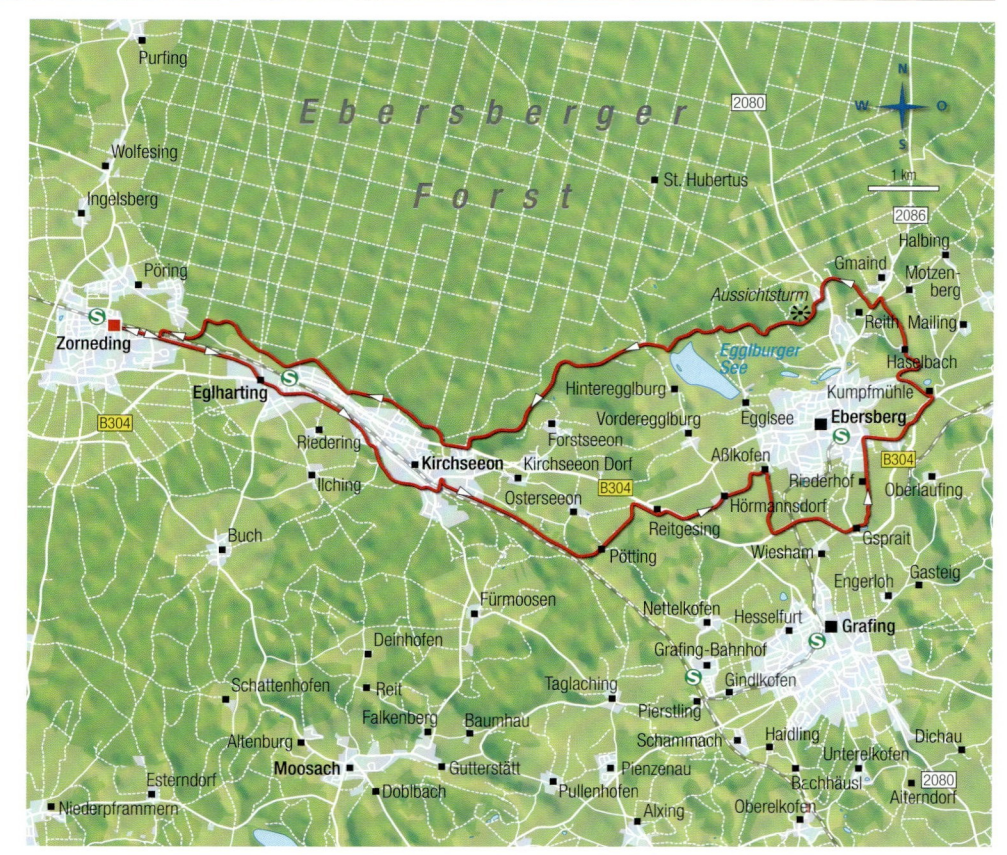

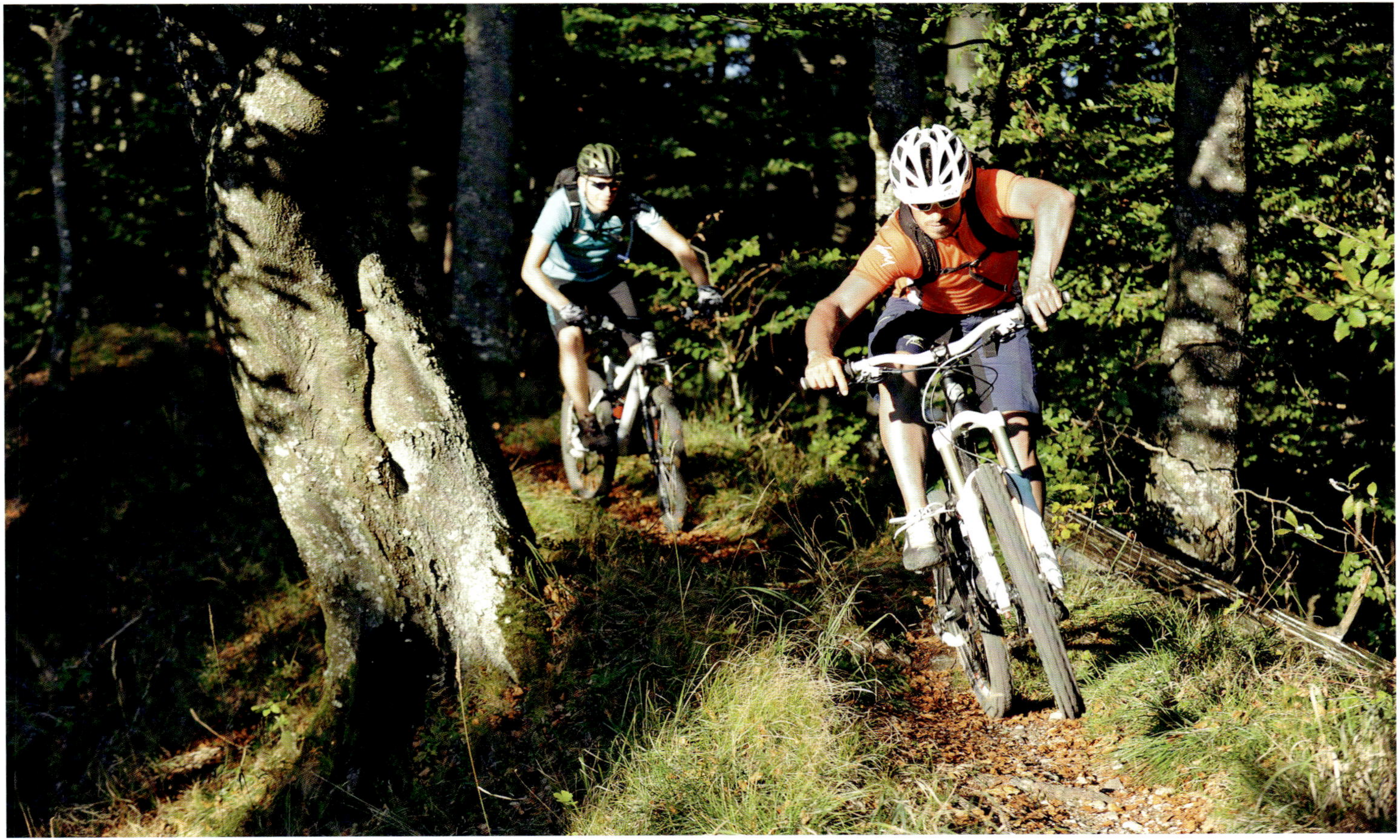

24 Steinsee und Ebersberger Trails — 47,3 km 688 hm 3:30 h

Eine prima Tour für die Sommermonate – mit Badesee, Feld- und Waldwegen und einem klasse Trailfinale! Allerdings lassen die Ebersberger Forsttrails am Ende der Tour die Schwierigkeiten nochmals deutlich ansteigen. Wohl dem, der sich seine Kräfte einteilen kann!

Zwar halten sich außerhalb des offiziellen Strandbades die Bademöglichkeiten am Steinsee begrenzt. Dennoch zählt der Steinsee wegen seiner idyllischen Lage zu den beliebtesten Badeseen östlich von München. Schon allein aus diesem Grund lohnt es sich, diese Tour in die Sommermonate zu legen – der Weg führt direkt an einem sehr schönen und gleichzeitig schattigen Badeplatz vorbei. Ein weiteres Argument für die heiße Zeit liefern die Trails im Ebersberger Forst. Nach Regenfällen können sich diese für längere Zeit recht schlammig präsentieren. Nicht nur, dass unsereins dann üble Spuren hinterlässt (und somit Argumente für Bike-Kritiker liefert), auch der Spaß hält sich in einem solchen Fall in engen Grenzen.

Ganz anders aber bei Trockenheit: Wenn sich in diesen Breiten Teerpassagen auch nie ganz vermeiden lassen, spielt sich die Fahrt von Kirchseeon über den Steinsee und Grafing nach Ebersberg überwiegend auf Forst- und Waldwegen ab. Unterwegs bringen dort eine Hand voll steiler Anstieg den Puls ordentlich in Schwung, doch haben wir es insgesamt mit einer entspannten Tour voll schöner Eindrücke zu tun. Die technischen Schwierigkeiten konzentrieren sich auf das Finale: Die Singletrails im Ebersberger Forst sind – zumindest bei Trockenheit – überwiegend sehr flowig zu fahren. Daher gehören sie sicher zu den besten Trails im Münchner Osten. Allerdings warten hier auch einige anspruchsvolle, wenn auch kurze Passagen über voluminöse Wurzelteppiche. Doch auch wer hier schieben muss, wird es nicht bereuen, diese Runde unter die Stollen genommen zu haben. Mithin ist dies eine mit Einschränkungen auch für Einsteiger geeignete Tour – und eine sehr schöne dazu!

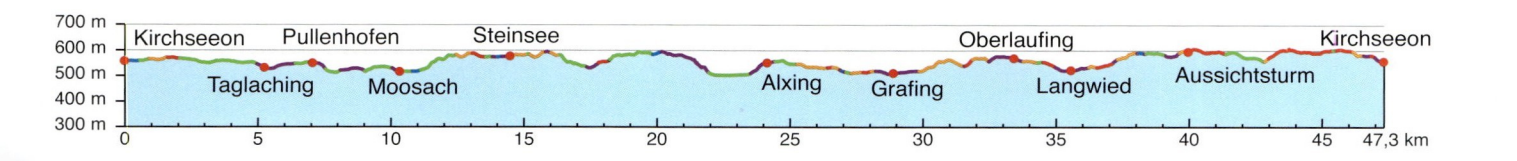

HÖHENPROFIL ■ Asphalt 1,7 km – ■ asphaltierter Radweg 12,8 km – ■ Schotter 15,3 km – ■ Waldweg 9,7 km – ■ Trail 7,7 km – ■ Schieben 0,0 km

BEWERTUNG		MITTEL ▲
TECHNIK		▲▲▲▲△
KONDITION		▲▲▲▲△
FAHRSPASS		▲▲▲▲△
LANDSCHAFT		▲▲▲▲△

CHARAKTER Technisch überwiegend unschwierige Tour, die zum Ende hin aber auch einige anspruchsvolle Trailpassagen bereit hält. Die schwigrigen Abschnitte der Trails sind aber überschaubar kurz. Auch wenn kurz geschoben werden muss, überwiegt insgesamt der Eindruck von flowigem Trailspaß und lockerem Rollen über schöne Wege. Konditionell mittelschwer – es warten kurze, aber steile Anstiege.
TOURSTART Am S-Bahnhof Kirchseeon (S4).
PARKEN P+R-Parkplatz am Bahnhof Kirchseeon.
EINKEHR Ebersberger Alm, kurz unterhalb des Aussichtsturms, mit schöner Terrasse.
HINWEIS Nach Regenfällen können die Trails im Ebersberger Forst matschig sein. Bitte etwas Zeit zum Abtrocknen lassen!

ROADBOOK

KM 0,0 Start am S-Bahnhof Kirchseeon. Aus dem Ort heraus, dann geht's sofort in eine schöne Abfolge von Waldwegen und Trails. Dann folgt eine längere Passage auf Forststraßen durch das Seeoner Holz nach Taglaching.

5,25 Taglaching. Kurz auf einer geteerten Nebenstraße nach Pienzenau, dort durch den Ort.

6,43 Ortsende Pienzenau. Auf Feldweg nach Pullenhofen, nach dem Ort hinunter ins Flusstal der Moosach. Dort auf geteertem Waldweg in Richtung Waldbachmühle.

9,03 Über Waldwege Richtung Moosach, das nur kurz gestreift wird. Weiter über einen Feldweg und ein kurzes Stück Hauptstraße Richtung Steinsee.

11,12 Ein Waldweg steigt rechts steil in Richtung Steinsee an. Der See wird einmal umrundet (kurze Teerpassage), dann weiter über Feld- und Waldwege ins Moosachtal.

17,81 Kurz vor Einmündung in die Hauptstraße rechts auf Trail, der parallel zur Hauptstraße verläuft (alter Bahndamm). Nach 300 Metern links kurz schiebend zur Hauptstraße, diese überqueren und auf einem Waldweg bergauf.

19,86 Einmündung in Teerstraße. Über geteerte Nebenstraßen nach Eichtling und ins Moosfeld. Dort auf einer breiten Schotterstraße nach Alxing.

24,15 Alxing. Durch den Ort, dann auf Feld- und Waldwegen Richtung Grafing. Zwei kurze, aber schöne Trailpassagen.

29,87 Ortsende Grafing. Nach Durchquerung des Ortes zuerst über Feld- und Waldwege nach Gasteig. Dort schöne Trailpassage am Eberberg, schließlich auf Teer nach Oberlaufing.

33,41 Oberlaufing. Kurz auf Teer, dann über Feldweg zum Trail im Antoniholz. Schließlich über Teer zum Ebersberger Gewerbegebiet Landwied.

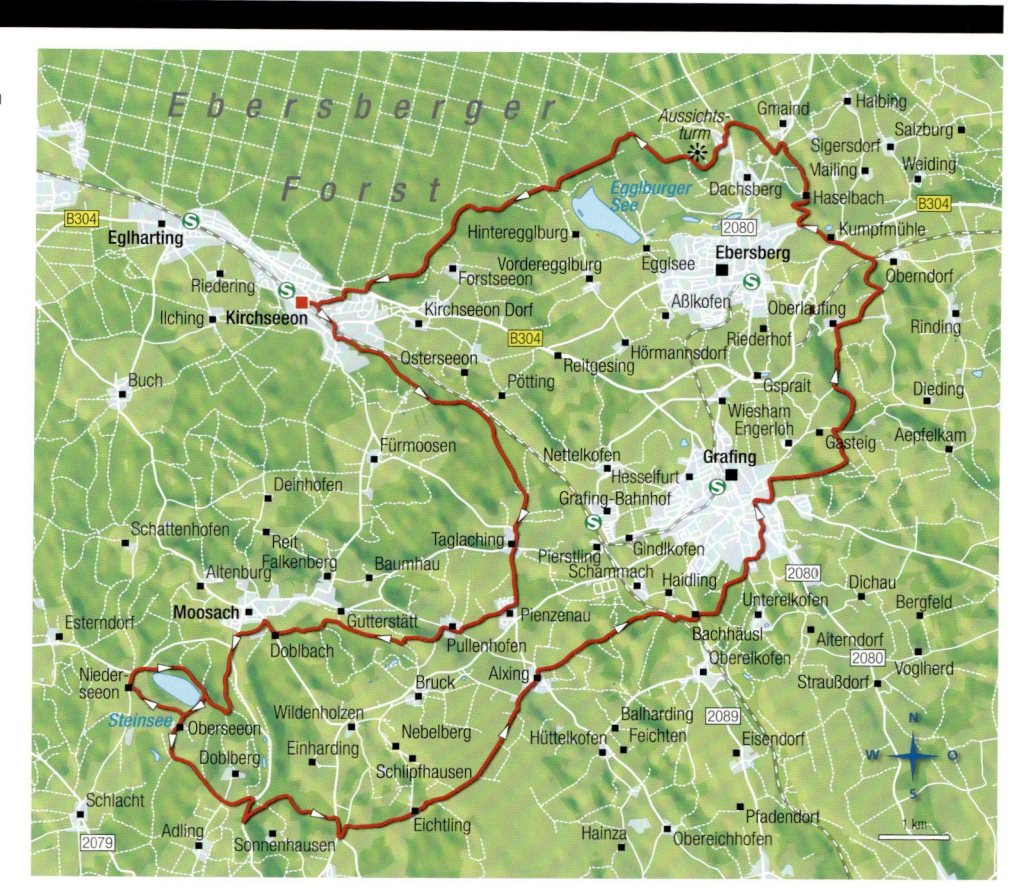

35,63 Querung der Bundesstraße. Richtung Ebersberg, am Ortsrand rechts zur Kleinmühle. Dort wartet ein tricky Trailaufstieg nach Haselbach.
37,31 Haselbach. Am Ortsende über schöne Feld- und Waldwege (kurzes Stück Teer) zur Anzinger Siedlung.
39,64 Aufstieg auf Waldweg zum Aussichtsturm. Dort beginnt eine lange und sehr schöne Trailpassage durch den Ebersberger Forst, die allerdings einige anspruchsvolle Abschnitte bereithält.
41,38 Trail mündet in Forstweg.
42,98 Waldweg wird zu Trail. Weiter auf Trail, meist sehr flowig, aber auch mit anspruchsvollen Wurzelpassagen. Zwischendurch einige kürzere Abschnitte auf Forstwegen, aber überwiegend Trail.
46,62 Ortsrand Kirchseeon. Auf Fußwegen durch den Ort Richtung S-Bahn.
47,30 S-Bahnhof Kirchseeon. Ende der Tour.

25 Dörferrunde im Süden Grafings — 39,4 km 669 hm 3:00 h

Eine schöne Einsteigertour über Nebenstraßen sowie Feld- und Waldwege ohne fahrtechnische Tücken. Allerdings verlangt die Runde etwas konditionellen Einsatz: Hier summieren sich viele kleine Anstiege zu einem anstrengenden Ganzen!

Beim Blick auf die Karte scheint sich die Gegend südlich von Grafing als plattes Land zu präsentieren. Doch ein zweiter Blick auf das Höhenprofil dieser Tour straft den ersten Eindruck Lügen. Klar, wer echte Berge sucht, sollte in die nicht mehr allzu fernen Alpen ausweichen. Doch wegen der vielen kleinen Flusstäler und Moränenhügel, die sich dem Biker in dieser Voralpenlandschaft in den Weg stellen, sollte diese Tour in Sachen Kondition nicht auf die leichte Schulter genommen werden. Die immerhin 669 Höhenmeter fraktionieren sich auf viele kleine Anstiege, von denen der ein oder andere auch steiler ist oder auf einem Trail verläuft. Dennoch haben wir es hier mit einer sehr schönen Einsteigertour zu tun.

In Sachen Fahrtechnik ist unterwegs jedenfalls keine Tücke zu befürchten. Zum überwiegenden Teil verläuft diese Runde auf festen, immer gut rollenden Untergründen, sodass man meist zügig voran kommt. Nur ein sehr kurzer Trailabschnitt nach Hohenthann gibt sich nach Regenfällen gern verschlammt und kann dann etwas unangenehm werden. Einfach nach Schlechtwetter ein paar Tage warten, dann ist es halb so schlimm. Ohnehin: Wer das Glück hat, einen klaren Tag zu erwischen, wird am Ende manch steilen Anstieges mit einem tollen Alpenblick belohnt. Kurios, dass eine solch ländliche Gegend immer noch im weitesten Sinne zum S-Bahn-Radius der Stadt München zählt ... So gibt sich diese Strecke in jedem Falle sehr abwechslungsreich und reiht, zumeist über Wald- und Feldwege verlaufend, viele kleine Dörfer aneinander. Ein schönes Highlight bietet auch der Steinsee auf dem ersten Drittel der Tour – nicht umsonst zählt er zu den beliebtesten Badeseen der Region.

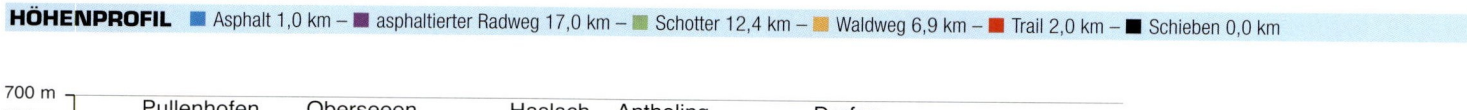

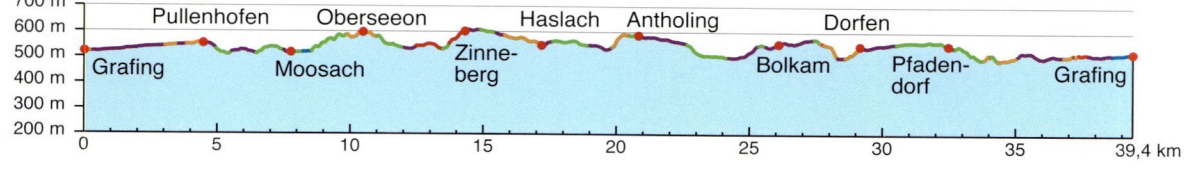

HÖHENPROFIL ■ Asphalt 1,0 km — ■ asphaltierter Radweg 17,0 km — ■ Schotter 12,4 km — ■ Waldweg 6,9 km — ■ Trail 2,0 km — ■ Schieben 0,0 km

BEWERTUNG	**LEICHT** ▲
TECHNIK	▲▲△△△
KONDITION	▲▲▲△△
FAHRSPASS	▲▲△△△
LANDSCHAFT	▲▲▲△△

CHARAKTER Schöne Einsteigertour ohne nennenswerte technische Schwierigkeiten. Die kurzen Trailstücke sind auch für Anfänger gut zu bewältigen. Zahlreiche kurze, aber zum Teil auch steile Anstiege summieren sich jedoch etwas auf und verlangen einen gewissen Einsatz.
TOURSTART Am S-Bahnhof Grafing Stadt (S4, NICHT die Haltestelle „Grafing Bahnhof"!).
PARKEN P+R-Parkplatz am Bahnhof.
EINKEHR Schlossgasthof Unterelkofen. Schöner Biergarten kurz vor Ende der Tour.
HINWEIS Der Waldtrail nach Hohenthann kann nach Regenfällen längere Zeit schlammig sein.

ROADBOOK

KM 0,0 S-Bahnhof Grafing Stadt. Zur Bahnhofstraße, dann über Festplatz, schließlich auf Nebenstraßen zum Ortsende.

0,97 Kreuzung Glonner Straße. Auf Radweg parallel zur Hauptstraße, dann über ein Stück Waldweg nach Pienzenau.

3,83 Pienzenau. Auf Feldweg nach Pullenhofen, dann über Feld- und Waldwege (teils geteert) nach Moosach.

8,23 Moosach. Am Ortsende ein kurzes Stück auf der Hauptstraße, dann über einen steilen Waldweg zum Steinsee.

9,88 Steinsee. Weiter über Feld- und Waldwege ins Moosachtal, dort vor Einmündung in die Hauptstraße auf einen Trail (alter Bahndamm), der parallel zur Straße verläuft.

13,57 Nach der Kreuzung mit der Hauptstraße beginnt ein Trailanstieg Richtung Zinneberg. Dort weiter auf Forstwegen nach Wetterling.

15,79 Wetterling. Weiter auf schönen Feldwegen über Haslach nach Lindach.

19,57 Lindach. Nun über steilen Waldweg bergauf und Richtung Antholing. Dort ein Stück auf Teer, schließlich über Forstwege bergab zu den Mooswiesen und über Sohl nach Hohenthann.

26,88 Hohenthann. Hinter dem Ort wartet ein schöner Waldtrail zur Siegelmühle. Dort auf Feldwegen weiter nach Dorfen. Hier kurz auf Teer und über Waldwege nach Pfadendorf.

32,46 Pfadendorf. Sehr schöne Waldwege führen am Hang entlang nach Elkofen. Dort zum Schloss (schöner Biergarten) und über Fußwege nach Grafing.

37,75 Grafing. Vom Ortseingang über Nebenstraßen zum Marktplatz, dann auf der Hauptstraße zum Bahnhof.

39,41 S-Bahnhof Grafing Stadt. Ende der Tour.

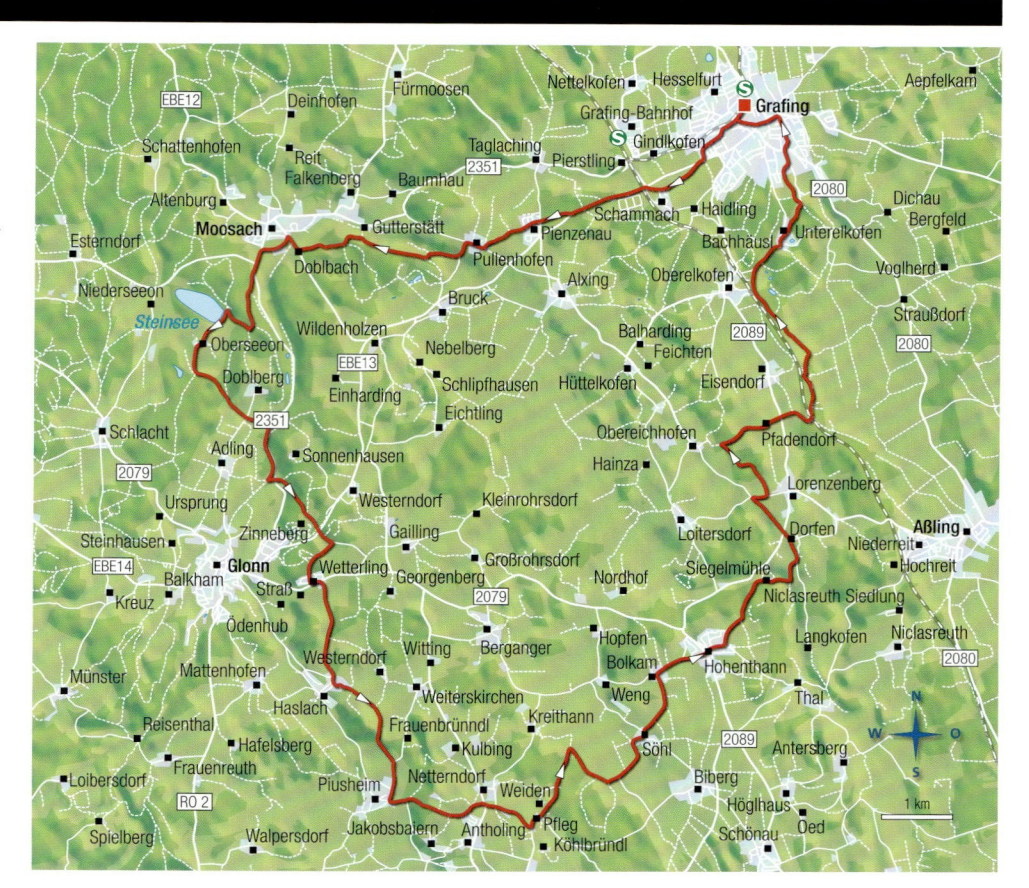

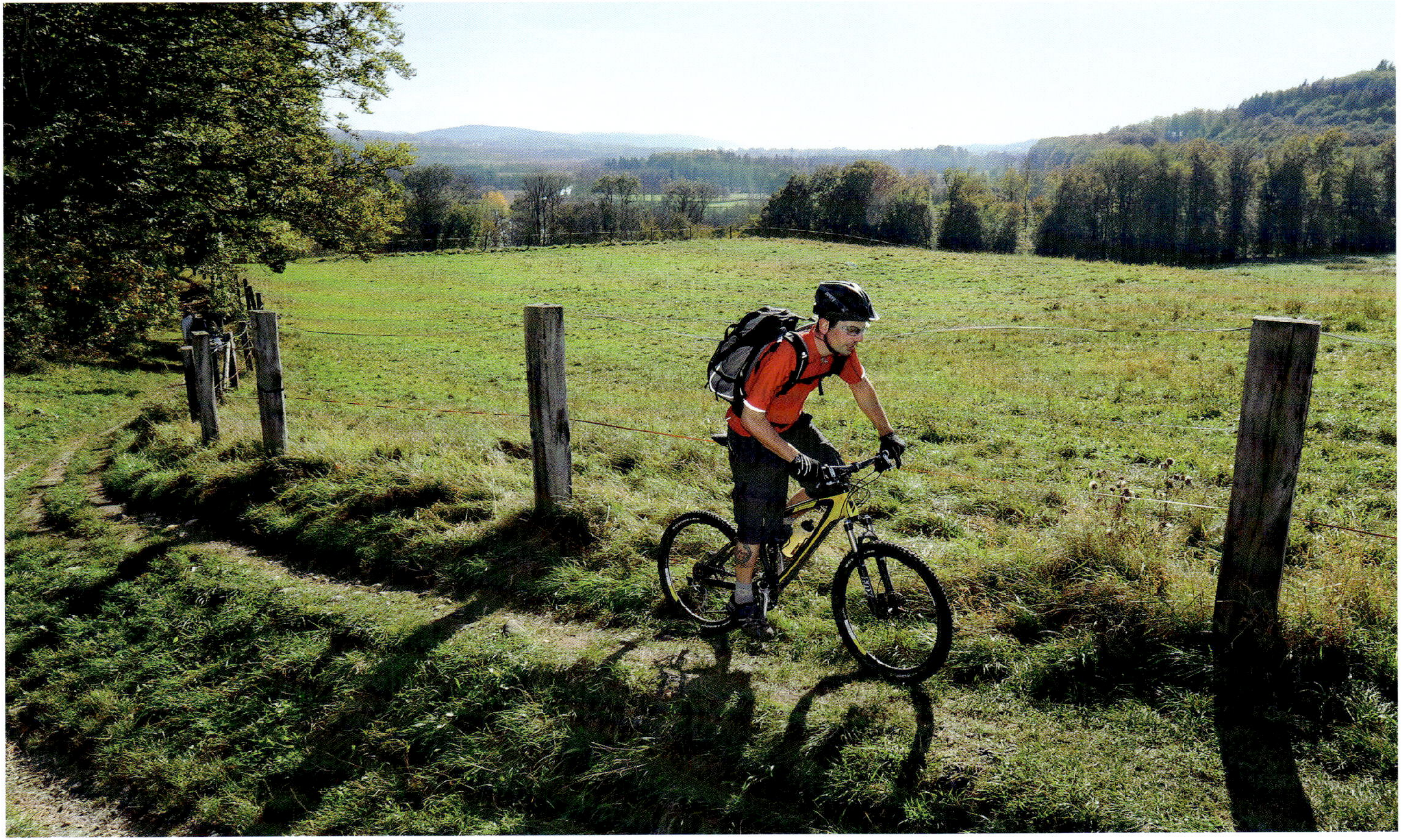

26 Sterntour Tierpark – Tölz — 59,4 km 557 hm 4:30 h

Relativ wenig Teer, dafür viele flowige Trails und eine traumhafte Landschaft ergeben eine klasse Genusstour – selbst für Einsteiger! In Kombination mit der folgenden Tour 27 und einer Übernachtung in Bad Tölz wird sogar eine lohnende Wochenend-Unternehmung daraus.

Selbst wer sonst öffentliche Verkehrsmittel in einem großen Bogen umgeht, sollte sich bei dieser Tour überlegen, ob er nicht mal eine Ausnahme macht. Denn wer sich mit einer Rückfahrt per Zug vom Zwang befreit, Rundtouren planen zu müssen, erhöht den möglichen Radius einer Tour beträchtlich. Keine Frage: Eine Tagestour auf Nebenwegen nach Bad Tölz und zurück schaffen wohl nur die fittesten Biker. So wie hier beschrieben, wird der Ausflug zum Fuß der Alpen aber zu einer genüsslichen Tagestour, die selbst Einsteiger gut bewältigen können. Unterwegs warten zwar einige Singletrails. Doch sind diese allesamt sehr flowig zu fahren und stellen daher keine besonderen Ansprüche an die Fahrtechnik.

Das Spiel beginnt schon kurz nach Tourstart im Unterhachinger Forst. Hier wirkt der Tourverlauf vielleicht auf den ersten Blick etwas konstruiert. Schließlich ist dieser Wald durch viele Forstwege streng in Planquadrate aufgeteilt — man könnte auch in direkter Linie nach Deisenhofen fahren. Allerdings nimmt diese Streckenführung so einige kurze lohnende Trails mit. Sicherlich ist dies aber nicht die einzige Möglichkeit.

Während des weiteren Verlaufs führt diese Tour meist über Wald- und Feldwege und reiht dabei viele landschaftliche Highlights aneinander. Allen voran seien das Gleißental, der Deininger Weiher, die Thanninger Weiher sowie der Kirchsee genannt. Urige Biergärten wie der am Kloster Reutberg runden dieses oberbayerische Tourenschmankerl ab. In Kombination mit Tour 27 und einer Übernachtung in Bad Tölz wird sogar eine schöne Wochenendtour daraus. Kurz gesagt: Eine klasse Strecke, an der viele Biker Freude finden werden — längst nicht nur Einsteiger!

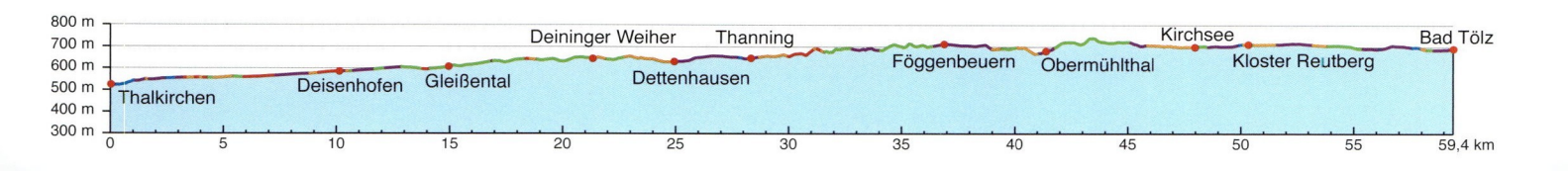

HÖHENPROFIL — Asphalt 2,1 km — asphaltierter Radweg 20,3 km — Schotter 20,0 km — Waldweg 12,2 km — Trail 4,8 km — Schieben 0,0 km

BEWERTUNG		MITTEL ▲
TECHNIK		▲▲▲△△
KONDITION		▲▲▲▲△
FAHRSPASS		▲▲▲△△
LANDSCHAFT		▲▲▲▲▲

CHARAKTER Technisch einfache Tour. Die Trailabschnitte sind insgesamt sehr flowig und problemlos zu fahren. Unterwegs finden sich nur wenige steile Anstiege, ansonsten steigt das Profil der Tour gleichmäßig an – eine perfekte Einsteigertour!
TOURSTART Am U-Bahnhof Thalkirchen (U3).
RÜCKFAHRT Mit der Bayerischen Oberlandbahn,
Infos: www.bayerischeoberlandbahn.de
PARKEN Kostenpflichtiger Parkplatz am Tierpark Hellabrunn.
EINKEHR Waldhaus Deininger Weiher, Kloster Reutberg.
KOMBINATIONSMÖGLICHKEITEN Zusammen mit Tour 27 als Zweitagestour mit Übernachtung in Bad Tölz. Nur für sehr konditionsstarke Fahrer werden diesen Marathon an einem Tag schaffen!
HINWEIS Am Uferweg Deininger Weiher herrscht Bikeverbot vom 15. Mai bis 15. September. In dieser Zeit bitte auf den parallel verlaufenden Waldweg ausweichen!

ROADBOOK

KM 0,0 Start am U-Bahnhof Thalkirchen. Über die Isar und auf Radwegen entlang viel befahrener Straßen nach Harlaching.

1,52 Harlaching. Auf Radwegen am Isar-Hochufer entlang.

2,15 Nun Harlaching auf direktem Weg queren.

3,24 Durch den Harlachinger Forst in einem Wechsel aus Trails, Waldwegen und Schotterstraßen nach Deisenhofen.

10,10 Deisenhofen. Der Ort wird nur gestreift und auf der Forststraße, teils auf Teer, umfahren. Am Ende des Ortes durchs Gleißental zum Deininger Weiher.

21,29 Deininger Weiher. Auf Waldwegen nach Dettenhausen.

24,89 Dettenhausen. Auf Teer über Aufhofen nach Thanning.

28,66 Thanning. Auf Waldwegen und Trails um die schönen Thanninger Weiher, dann weiter auf Forstwegen durch ein Tal nach Föggenbeuern.

36,83 Föggenbeuern. Weiter auf geteerter Nebenstraße nach Thankirchen.

38,96 Thankirchen. Nun auf Forst- und Feldwegen nach Mühlthal, das letzte Stück ist geteert.

41,52 Obermühlthal. Es folgt eine sehr schöne Passage auf Waldwegen über Trischberg zum Kirchsee.

47,92 Kirchsee. Am See entlang, dann über ein kurzes Stück Teer zum Kloster Reutberg (schöner Biergarten).

50,28 Auf kleinen Nebenwegen vorbei an zwei Weihern zur Teerstraße, dort Richtung Kirchseemoor.

53,14 Kurz vor Kirchseemoor links auf Waldweg und weiter Richtung Ellbach.

56,08 Ellbach. Auf geteerter Nebenstraße Richtung Bad Tölz, schließlich führt ein geteerter Weg zum Ortsrand. Weiter zum Bahnhof.

59,35 Bahnhof Bad Tölz. Ende der Tour.

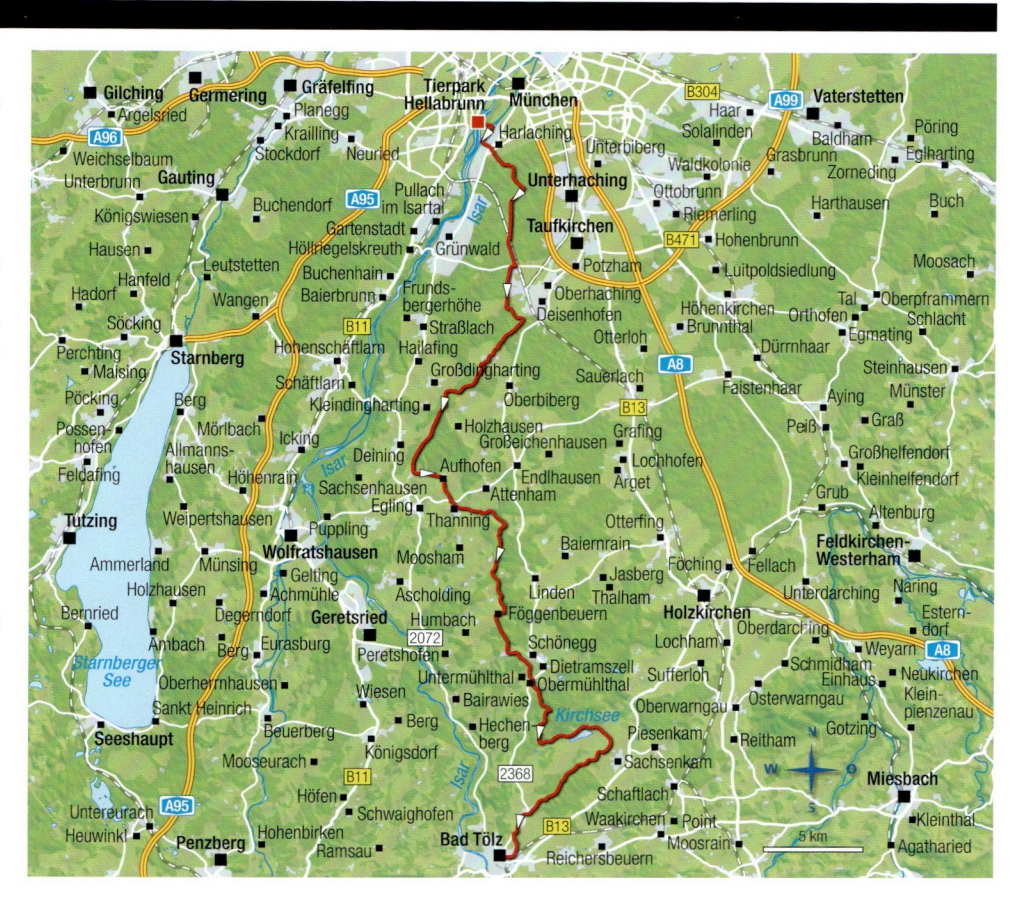

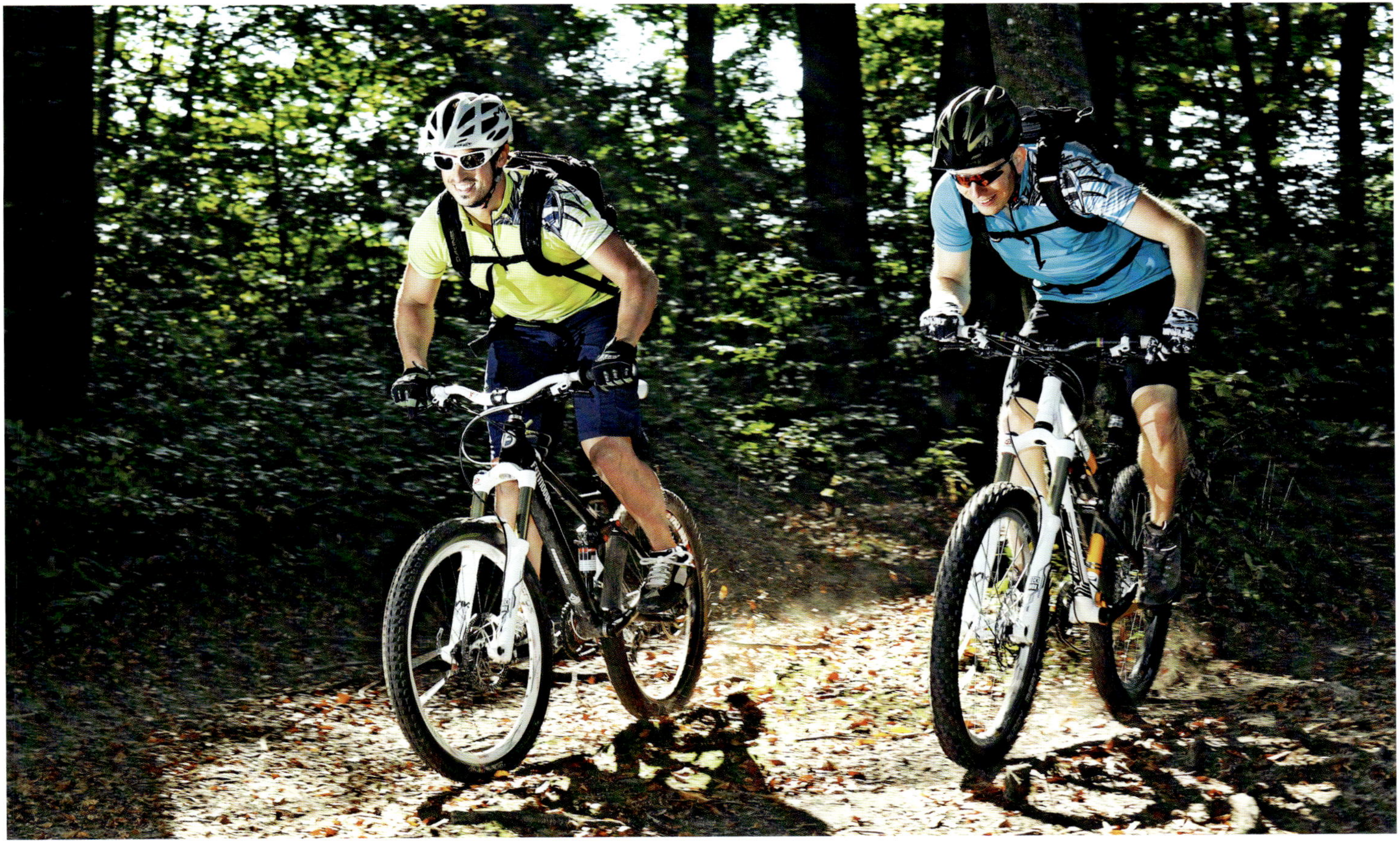

27 Sterntour Tölz – Tierpark   55,3 km 565 hm 4:00 h

Zwar verläuft diese Strecke überwiegend als gemütliche Rollertour mit insgesamt negativer Höhenmeter-Bilanz. Allerdings nimmt die Tour unterwegs auch eine Handvoll Trails mit – und sammelt so doch einige Anstiege ein.

Eines sei gleich vorweg genommen: Die Strecke zwischen Bad Tölz und der Thalkirchner Brücke in München ließe sich problemlos mit Trails geradezu pflastern. Leider wollte die veritable Klorolle, auf die das entsprechende Roadbook gedruckt werden müsste, beim besten Willen nicht in die Umverpackung dieses Buches passen. Im Ernst: Ohne gute Ortskenntnis und/oder ein GPS-Gerät wäre eine solche Strecke kaum zu finden. Zudem könnte ein solches Unterfangen leicht zur Plackerei ausarten und ergäbe eine konditionell sehr anspruchsvolle Tour. Aber bitte: Wer es ausprobieren will, kann diese Tour mit Tour 16 kombinieren und den Trailanteil so erheblich steigern (Hinweise siehe Infokasten). Ein kleines Manko: Auf dem Abschnitt der „Elefantenrücken"-Trails zwischen Pullach und Großhesseloher Brücke herrscht seit Ende 2011 Bike-Verbot. Auch dies gehört zu den Faktoren, die das „Trail-Teer-Ratio" auf dieser Tour etwas in Richtung feste Untergründe verschieben.

Womit aber nicht gesagt sein soll, dass man auf dieser Strecke mit dem Trekkingbike viel Vergnügen hätte. Stattdessen sorgen diverse, auch längere Trailpassagen für viel Fahrspaß. Und auf den Schotter- und Teerabschnitten garantiert die herrliche Landschaft dafür, dass unterwegs keine Langeweile aufkommt. Dies gilt insbesondere für den Beginn der Tour. Bis zur Rothmühle geht es auf immerhin wenig befahrenen Nebenstraßen überwiegend geteert dahin – allerdings mit immer schönen Blicken. Ab der Mühle ändert sich dann der Charakter der Tour. Insgesamt ist dies eine sehr schöne Strecke (nicht nur) für Einsteiger und Genießer. Und in Kombination mit Tour 26 wird auch für ein Wochenende ein prima Schuh daraus.

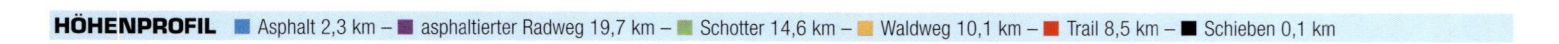

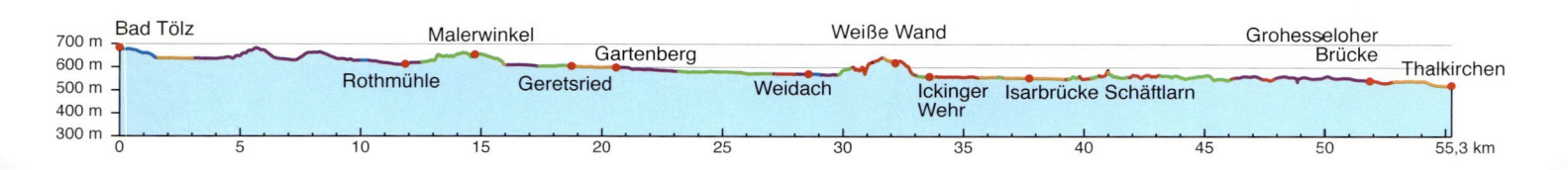

HÖHENPROFIL — ■ Asphalt 2,3 km — ■ asphaltierter Radweg 19,7 km — ■ Schotter 14,6 km — ■ Waldweg 10,1 km — ■ Trail 8,5 km — ■ Schieben 0,1 km

BEWERTUNG		**MITTEL** ▲
TECHNIK		▲▲▲△△
KONDITION		▲▲▲△△
FAHRSPASS		▲▲▲△△
LANDSCHAFT		▲▲▲▲▲

CHARAKTER Technisch meist leichte Tour mit vielen Schotterwegen und leider auch relativ hohem Teeranteil. Die Trails unterwegs sind überwiegend sehr flowig zu fahren und stellen selten nennenswerte Ansprüche an die Fahrtechnik. Konditionell mittelschwer, bedingt durch ein paar auch steilere Anstiege und die Länge.
TOURSTART Am Bahnhof Bad Tölz. Anfahrt mit der BOB. Infos: www.bayerischeoberlandbahn.de
PARKEN Besser mit dem Zug anfahren!
EINKEHR Gasthof Brückenfischer (bei der Isarbrücke nahe Kloster Schäftlarn kurz rechts über die Brücke).
KOMBINATIONSMÖGLICHKEITEN Kombination mit Tour 26 als Zweitagestour möglich. Wer den Trailanteil der Tour steigern möchte, richtet sich ab der Tölzer Isarbrücke (WP 5) nach dem Roadbook von Tour 16 (WP 45-89).
HINWEIS Auf den „Elefantenrücken"-Trails zwischen Pullach und der Großhesseloher Brücke herrscht leider seit Ende 2011 Bike-Verbot.

ROADBOOK

KM 0,0 Start am Bahnhof in Bad Tölz. Auf relativ viel befahrener Straße hinunter zur Isarbrücke und diese überqueren.

1,58 Isarbrücke. Nun auf Schotterwegen an der Isar entlang Richtung Norden.

3,12 Der Schotterweg mündet in den Radweg entlang der Straße Tölz–Königsdorf. Ein Stück geradeaus, dann links weg. Die Strecke folgt nun bis Geretsried der Radroute „Via Bavarica Tyrolensis".

12,53 Kurz nach der Rothmühle endet der Teer, weiter über Schotterwege hinauf zum Malerwinkel und bergab nach Geretsried.

15,94 Ortsrand Geretsried. Die Radroute wird nun verlassen, der Weg führt stattdessen über das Gelände einer ehemaligen Rüstungsfabrik (betonierte Wege). Schließlich wieder Einmündung in die Radroute und auf geschotterten Wegen durch den Wald nach Gartenberg.

20,57 Ortsrand Gartenberg. Nun immer am Ortsrand entlang auf geteertem Radweg nach Norden.

23,17 Ortsrand Gartenberg. Wieder der Radroute auf geschotterten Wegen bis zur Floßlände an der Pupplinger Brücke folgen.

27,12 Floßlände. Die Strecke berührt nun kurz auf einem schönen Trail die Pupplinger Au und führt dann nach Weidach hinein. Der Ort wird auf Nebenstraßen durchquert, dann an der Loisach entlang nach Norden.

29,81 Auf einer Schotterstraße hinauf zum Bahngleis. Dort beginnt eine sehr schöne Trailpassage, die mit dem Riemerschmiedstein und der Weißen Wand zwei sehr schöne Aussichtspunkte über das Isartal berührt. Nach der Trailabfahrt von der Weißen Wand an der Isar entlang zum Ickinger Wehr.

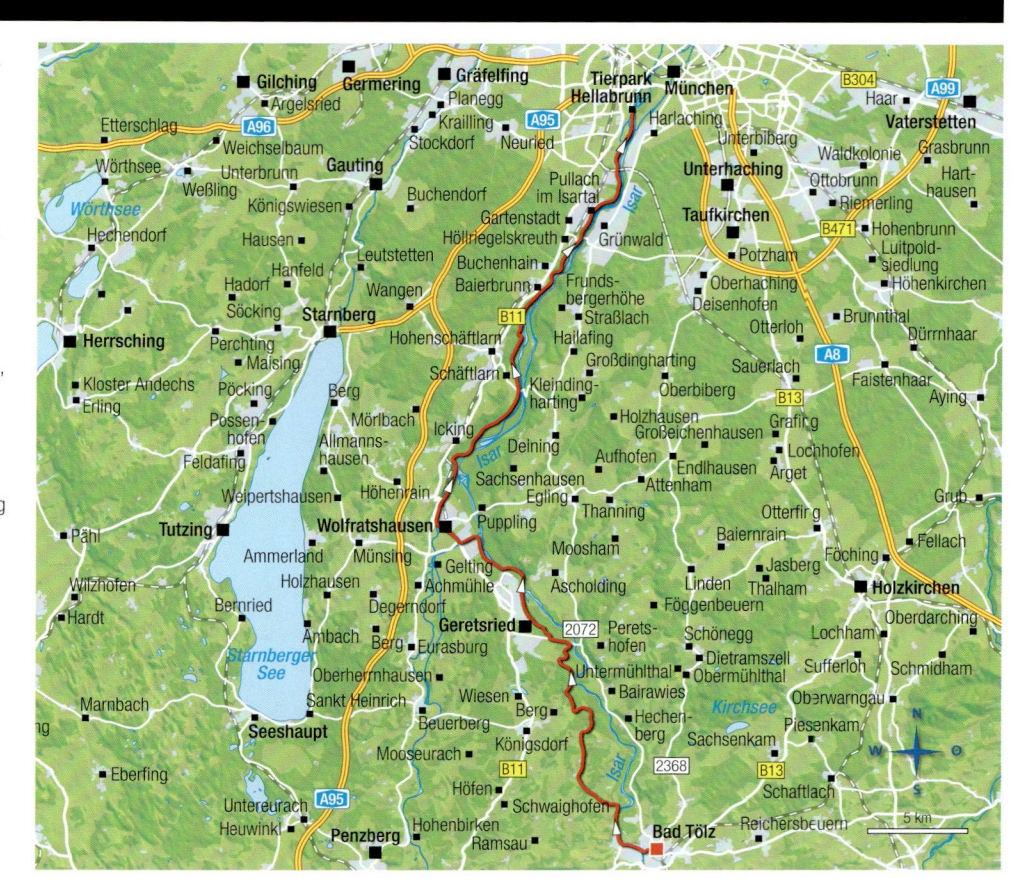

33,61 Ickinger Wehr. Nun sehr schöne Trailpassage durch die Ickinger Au. Weiter auf dem Isardamm am Kloster Schäftlarn vorbei. Schließlich Querung zum Isarradweg.

39,52 Einmündung in den Isarradweg. Nach Norden, dann nimmt die Strecke zwischen Hohenschäftlarn und Baierbrunn drei sehr schöne Trailvarianten zum Radweg mit. Vor dem Georgenstein wieder dem normalen Radweg bis zum Isarwehr folgen.

46,32 Der geschotterte Abschnitt des Isarradwegs endet nun. Weiter auf Teerstraße am Isarkanal entlang bis zum nächsten Wehr.

49,13 Links Zufahrt zu den „Elefantenrücken"-Trails. Leider sind sämtliche Zufahrten zu dieser zentralen Trailpassage seit November 2011 mit „Radfahren verboten"-Schildern gepflastert. Weiter geradeaus auf der Teerstraße entlang des Isarkanals bis zur Großhesseloher Brücke.

51,96 Kurz hinter der Großhesseloher Brücke wird rechts der Kanal gequert, dann führt ein sehr schmaler Trail am rechten Kanalufer entlang. Bei der Einmündung am nächsten Wehr weiter auf Schotterweg bis zur Tierparkbrücke, dort links zur U-Bahn.

55,27 U-Bahn Thalkirchen. Ende der Tour.

28 Fünfseen – Amper – Stern Teil 1 — 43,3 km 485 hm 3:30 h

Mit der S-Bahn raus aus der Stadt, dann trailen und wieder per Bahn zurück. Diese Strecke zwischen Stockdorf und Herrsching ist eine perfekte Gelegenheit, die eigene Ökobilanz zu verbessern – und dabei auf feinen Trails richtig Spaß zu haben!

Wer als Mountainbiker seinen CO_2-Footprint verbessern möchte, dem bietet diese Tour eine prima Gelegenheit. Denn wenn man eine Tour schon an einem S-Bahnhof startet, kann man sie getrost auch an einem anderen Bahnhof enden lassen. So hat das Auto Urlaub, und das ökologische Gewissen bleibt rein. Auch der weit verbreitete Dünkel, dass ökologisch korrektes Verhalten oftmals eine Spaßbremse sei, wird durch diese Tour aufs Trefflichste widerlegt: Schon vom Start in Stockdorf weg dauert es nicht lange, bis nette Waldwege und Trails entlang der Würm die Mundwinkel auseinander ziehen. Nach Gauting fängt die Party dann richtig an: Ebenso flowig wie kurzweilig zirkelt ein Trail durch die herrliche Flusslandschaft des Würmtals. An dessen Ende wartet noch eine Uphill-Prüfung, bevor in Leutstetten der erste Biergarten lockt.

Über die römische „Villa Rustica" und das Heimathshausener Moor geht es weiter nach Percha. Die Durchquerung der Stadt Starnberg mit ihren viel befahrenen Straßen holt Biker wieder etwas auf den Boden der Tatsachen zurück. Doch schon wenig später, bei der Durchquerung der Maisinger Schlucht, stellt sich wieder das Gefühl ein, ganz, ganz weit weg von der Großstadt zu sein. Die Querung über Aschering zum Kloster Andechs bietet zwar keine fahrtechnischen Schwierigkeiten, dafür aber immer wieder schöne Ausblicke und Eindrücke am Wegesrand. Dann verwöhnt der Heilige Berg Andechs noch mit einem „Holy Trail", bevor bald der Ammersee erreicht ist – und zwar direkt am sehr schönen Strandbad. Dann führt ein Schotterweg idyllisch zwischen Villen und Schilf am Ammerseeufer entlang zurück nach Herrsching. Dann geht es per S-Bahn ganz ohne Stau in die Stadt zurück.

HÖHENPROFIL — Asphalt 3,0 km — asphaltierter Radweg 9,9 km — Schotter 10,2 km — Waldweg 14,5 km — Trail 5,1 km — Schieben 0,5 km

BEWERTUNG		MITTEL ▲
TECHNIK		▲▲▲▲△
KONDITION		▲▲▲△△
FAHRSPASS		▲▲▲▲▲
LANDSCHAFT		▲▲▲▲△

CHARAKTER Technisch anspruchsvolle Tour mit einigen längeren Singletrail-Passagen. Meist sind diese sehr flowig zu fahren, mancher Trail wird aber bergauf wie bergab sehr steil und verlangt fahrtechnische Skills. Sonst meist Forst- und Feldwege. Konditionell mittelschwer.
TOURSTART Am S-Bahnhof Stockdorf (S6).
RÜCKFAHRT Vom S-Bahnhof Herrsching (S8).
PARKEN Besser mit der S-Bahn zum Startort fahren.
EINKEHR Schlossgaststätte Leutstetten, Biergärten Maising und Maisinger See, Kloster Andechs.
KOMBINATIONSMÖGLICHKEITEN Weiter auf Tour 29.
HINWEIS Die Trails am Ufer der Würm können nach längeren Regenfällen morastig sein. Im Moor nördlich von Heimathshausen bitte umsichtig und defensiv fahren. Auf dem Klostergelände Andechs bitte schieben.

ROADBOOK

KM 0,0 Start am S-Bahnhof in Stockdorf. Auf Nebenstraßen durch den Ort und zur Würm.

0,83 Würmufer. Auf Fußwegen und Trails nach Süden.

3,48 Schlosspark Gauting. Durch den Park, dann über Nebenstraßen ins Ortszentrum. Kurz auf die Hauptstraße, dann auf Nebenstraße am Sportplatz vorbei zum Eingang des Mühltals.

6,27 Mühltal. Auf Trail am Würmufer entlang, kurz auf Schotter, dann folgt eine lange und schöne Trailpassage durch das Würmtal.

9,25 Parkplatz Mühltal. Flussseite wechseln und kurz auf Schotter bergauf. Dann auf schönen Trail, der zum Ende hin steil ansteigt. Weiter über Feldweg nach Leutstetten.

11,07 Schlossgaststätte Leutstetten, Einkehrmöglichkeit. Auf Teer durch den Ort, dann über Feldwege nach Süden.

12,65 Villa Rustica. Grundmauern einer römischen Villa. Über Waldwege, dann über einen Wanderweg durch ein Moorgebiet in Richtung Percha. Achtung Fußgänger!

15,84 Percha. Durch den Park in Richtung Starnberg. Achtung Fußgänger! Eine Klappbrücke: tragen!

17,20 S-Bahnhof Starnberg. Nun auf viel befahrenen Straßen durch den Ort Richtung Söcking.

18,16 Abzweig Richtung Maisinger Schlucht. Auf Schotterstraßen, dann Waldweg durch die Schlucht nach Maising. In der Schlucht sind Trailvarianten möglich.

21,48 Maising. Rechts durch den Ort (schöner Biergarten), dann über kleine Wege zum Maisinger See.

22,77 Maisinger See (schöner Biergarten am See). Hier links über kleinen Weg, dann Schotter und schließlich auf Teer Richtung Aschering.

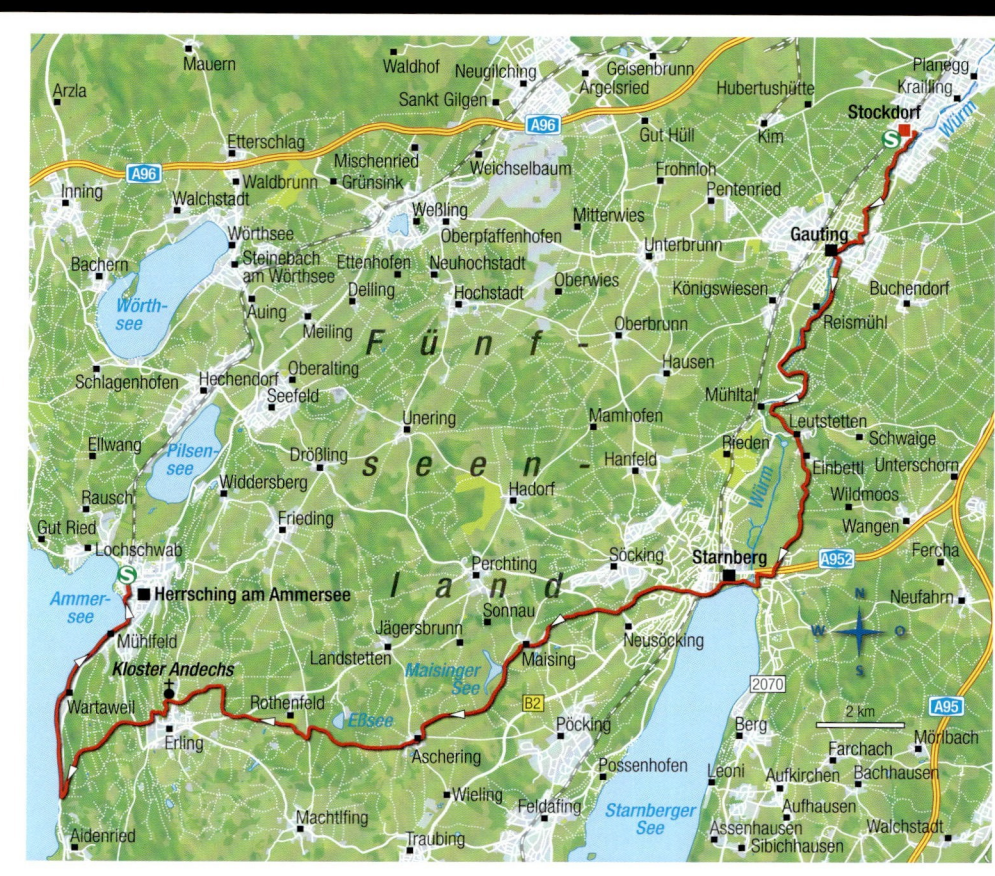

25,78 Aschering. Durch den Ort und auf Nebenstraße Richtung Andechs. Anfangs geteert, dann sehr schöne Forststraße und Feldweg. Das letzte Stück zum Kloster auf geteerten Nebenstraßen.

33,01 Kloster Andechs, mehrere Biergärten. Zurück durch das Klostergelände und auf Weg Richtung Marienfelsen. Dann aber links auf Singletrail Richtung Erling.

33,84 Vor Erling kurze Schiebepassage über steile Treppe bergauf. Der Ort wird nur kurz gestreift.

34,07 Ortsende Erling. Auf Fußweg, dann auf anfangs steilen Singletrail bergab.

34,90 Singletrail mündet in Forstweg. Hier auf breiten Forstwegen stetig bergab Richtung Ammersee.

37,49 Strandbad Andechs. Hier rechts auf einen breiten Weg, der immer am Seeufer entlang Richtung Herrsching führt.

41,97 Ortsrand Herrsching. Auf der Seepromenade Richtung Schiffsanlegestelle, dann durch den Ort zur S-Bahn.

43,25 S-Bahnhof Herrsching. Ende der Tour.

29 Fünfseen – Amper – Stern Teil 2 — 36,4 km 316 hm 2:30 h

Die zweite Etappe der Sterntour führt von Herrsching am Ammersee nach Fürstenfeldbruck. Unterwegs lockt die Tour mit einigen sehr schönen Trailpassagen – bereits am Ammersee stellt sich Urlaubsfeeling pur ein.

Auch auf der zweiten Etappe der Fünfseen–Amper–Sterntour freut sich das Auto über einen freien Tag. 50 Minuten dauert die Fahrt vom Münchner Hauptbahnhof nach Herrsching. Da kommt man mit dem heiligen Blechle kaum schneller ans Ziel. Vom Bahnhof in Herrsching ist man nur noch einen Katzensprung vom Ammersee entfernt – und an dessen Ufer stellt sich sofort Urlaubsfeeling ein. Die Tour beginnt mit einer gemütlichen Cruising-Einheit am Seeufer, wo man an windigen Tagen unzählige Surfer und Kiter beobachten kann. Am Ortsrand von Herrsching beginnt dann auch für Biker der richtige Spaß. Über viele Kilometer führt ein wunderbar verwurzelter und verwinkelter Trail am Ammerseeufer entlang über Breitbrunn nach Buch. Der Spaß sollte allerdings mit Bedacht genossen werden. Der Trail ist manchmal sehr eng, und bietet wenig Ausweichmöglichkeiten. Zudem sind hier bei schönem Wetter auch oft viele Fußgänger unterwegs. Verhaltet euch also bitte entsprechend rücksichtsvoll, lasst Vortritt und schiebt im Zweifelsfall auch mal ein Stück. Zwischen Buch und Stegen ist ein Trailabschnitt für Radfahrer gesperrt – dieser Bereich wird weitläufig über die Höhen zwischen Buch und Inning umfahren. Zurück am Ammerseeufer lockt bald der Biergarten von Stegen nahe der Ampermündung. In der Folge führt der Weg relativ unspektakulär durch das Ampermoos über Kottgeisering nach Grafrath. Zum Ausgleich warten zwischen Grafrath und Fürstenfeldbruck als Finale der Tour noch einige nette Singletrail-Einlagen, gemütliche Waldwege, allerdings auch ein paar steile Anstiege – dann ist der Biker nach einer halben Stunde S-Bahnfahrt auch schon wieder zurück in der Zivilisation.

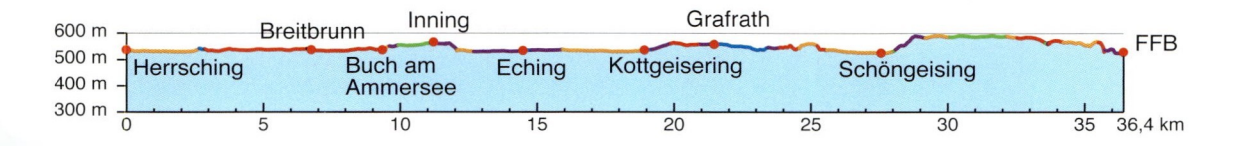

HÖHENPROFIL — Asphalt 2,8 km — asphaltierter Radweg 7,8 km — Schotter 3,5 km — Waldweg 11,9 km — Trail 10,3 km — Schieben 0,2 km

BEWERTUNG	MITTEL ▲
TECHNIK	▲▲▲▲△
KONDITION	▲▲△△△
FAHRSPASS	▲▲▲▲△
LANDSCHAFT	▲▲▲▲▲

CHARAKTER Viele Trailpassagen sorgen für eine technisch nicht ganz leichte Tour. Wirkliche Schlüsselstellen fehlen aber. Konditionell relativ leicht, allerdings mit einem sehr steilen Anstieg in der Amperschlucht.
TOURSTART Am S-Bahnhof Herrsching (S8).
RÜCKFAHRT Vom S-Bahnhof Fürstenfeldbruck (S4).
PARKEN Besser mit der S-Bahn zum Ausgangspunkt fahren.
EINKEHR Biergarten in Stegen am Ammersee.
KOMBINATIONSMÖGLICHKEITEN Kombination mit Tour 28 und Tour 30 zur Dreitagestour möglich. Die Kombination mit je einer der beiden genannten Runden zur Tagestour ist grundsätzlich möglich, jedoch in beiden Fällen konditionell ziemlich anspruchsvoll.
HINWEIS Auf den Trails am Ammersee sind häufig viele Fußgänger unterwegs. Hier bitte sehr rücksichtsvoll fahren!

ROADBOOK

KM 0,0 Start am S-Bahnhof Herrsching. Auf Fußwegen durch den Ort zum Ammersee, dort am Seeufer entlang. Achtung Fußgänger!

2,66 Ortsausgang Herrsching. Kurz auf die Hauptstraße, dann beim Ortsschild links auf Trail. Hier beginnt eine lange und sehr unterhaltsame Trailpassage, die immer am Ammerseeufer entlang über Breitbrunn nach Buch führt. Viele Fußgänger, also bitte sehr rücksichtsvoll fahren!

9,53 Buch am Ammersee. Hier rechts auf Fußwegen in den Ort, dann am Hochufer entlang auf Schotterstraße nach Inning. Dort wieder zurück zum See.

12,08 Uferweg Ammersee. Am Ufer entlang zur Anlegestelle.

12,70 Anlegestelle Stegen. Schöner Biergarten. Nun auf Ammer-Amper-Radweg, dann Feldwege nach Kottgeisering.

19,20 Kottgeisering. Durch den Ort zum Bahngleis, dort auf Trail nach Grafrath.

20,97 Grafrath. Auf der Hauptstraße durch den Ort zur Amper, dort kurz bergauf und zur Kläranlage.

23,86 Ortsende Grafrath. Auf schönem Trail in die Amperschlucht, gefolgt von einem steilen Anstieg, schließlich nochmals Trailabfahrt. Weiter am Amperdamm nach Schöngeising.

27,55 Schöngeising. Noch ein Stück an der Amper entlang, dann steiler Anstieg auf Teerstraße in Richtung Holzhausen.

29,17 Kurz vor Holzhausen auf Feldweg. Nun in eine sehr abwechslungsreiche Abfolge von Singletrails, Wald- und Feldwegen, schließlich wieder auf Singletrails über Pfaffing zum Ortseingang von Fürstenfeldbruck.

35,73 Einmündung in Teerstraße bei Weiherhaus. Rechts nach Fürstenfeldbruck und zur S-Bahn.

36,40 S-Bahnhof Fürstenfeldbruck. Ende der Tour.

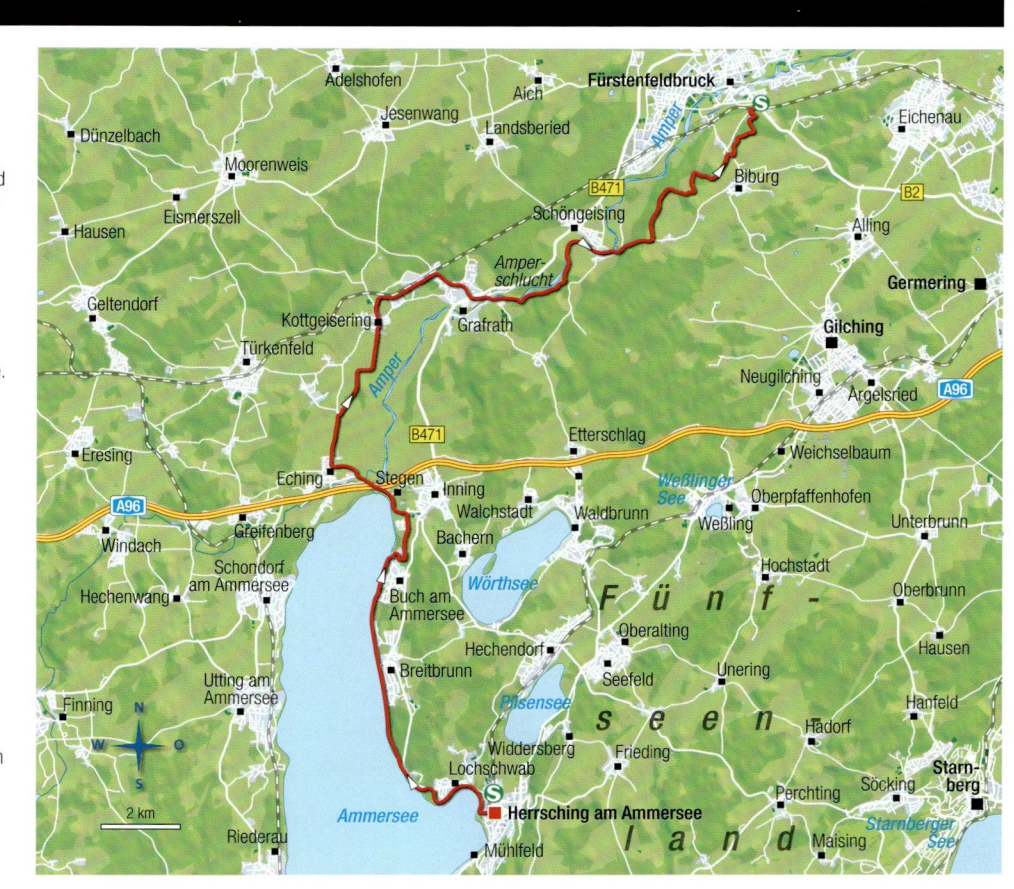

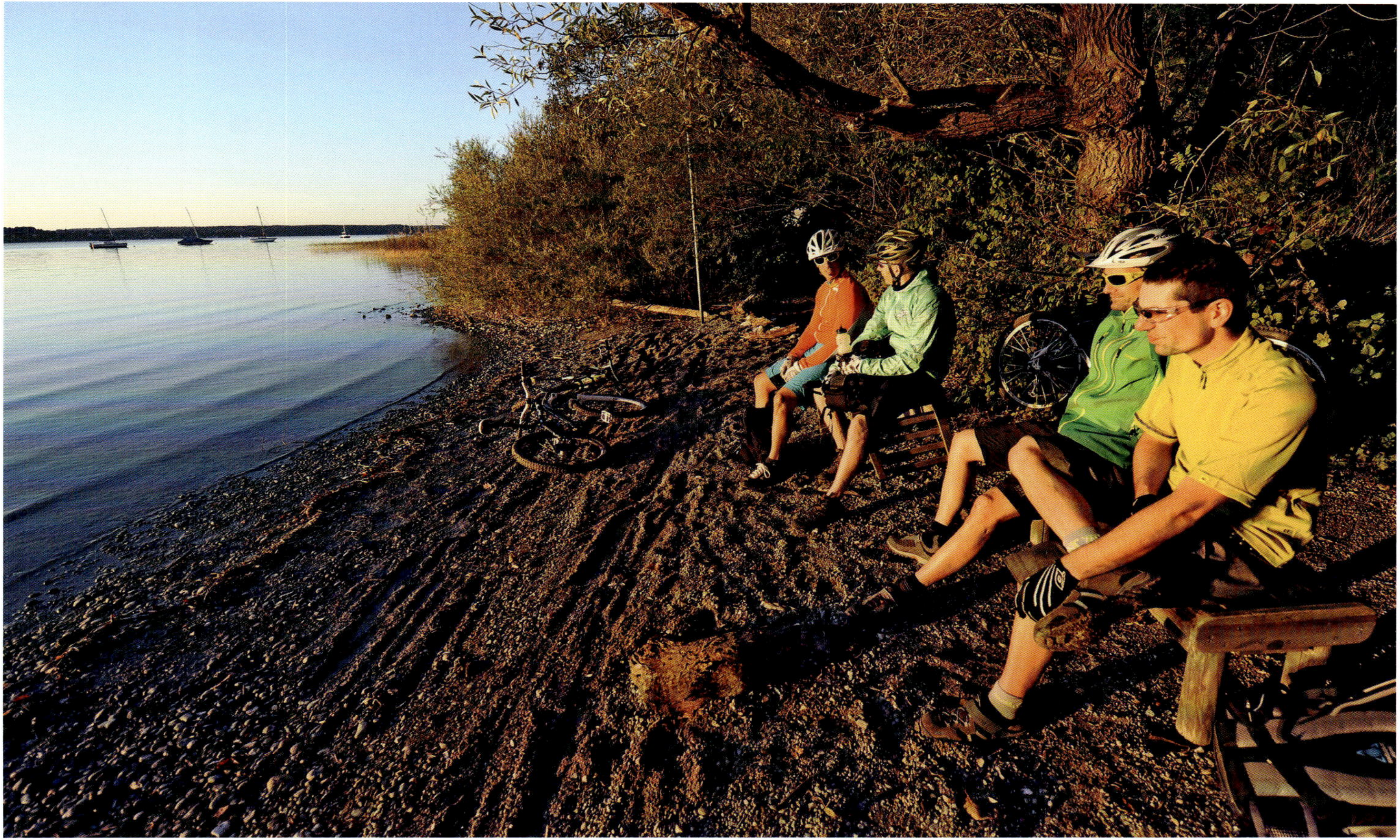

30 Fünfseen – Amper – Stern Teil 3   42,4 km 95 hm 3:00 h

Die Gleichung „Flusstrail ist gleich Flowtrail" geht hier voll auf. Am Lauf der Amper zwischen Fürstenfeldbruck und Unterschleißheim ist Fahrspaß vorprogrammiert! Zudem verläuft die Strecke praktisch konstant bergab. Ein sehr entspanntes Finale dieser Dreitagestour!

Zugegeben: Mit „Mountain"-biken im engeren Sinn hat diese Tour nun gar nichts mehr zu tun. Die Landschaft am Flusslauf der Amper zwischen Fürstenfeldbruck und Haimhausen ist flach wie … nun ja, lassen wir das. Wie flach, lässt sich problemlos an unten stehendem Höhenprofil ablesen. In einem konstanten, kaum merklichen Gefälle folgt die Strecke dem Flusslauf der Amper – die paar Zacken im Höhenprofil und damit der Großteil der 95 Höhenmeter dieser Tour sind weitgehend einem Wechsel der Flussseite über Brücken geschuldet. Lediglich gegen Ende der Tour zwingt ein Anstieg von sagenhaften 30 Höhenmetern unter Umständen zum Herunterschalten auf ein größeres Ritzel.

Wer unter „Mountain"-biken aber nicht nur Anstrengung, sondern insbesondere auch Spaß auf Flowtrails versteht, der sollte diese Tour in sein Pflichtenheft schreiben. Denn „Flow" wird am Flusslauf der Amper groß geschrieben. Die vielen Trails unterwegs sind zwar häufig verwinkelt, aber immer sehr flüssig zu fahren. Nur hin und wieder fordert eine kurze Wurzelpassage einen etwas beherzteren Griff am Lenker. Doch ernsthaft schwierige Trailpassagen oder gar selektive Schlüsselstellen fehlen hier komplett.

Dabei führt die Tour über weite Strecken durch eine verträumte Flusslandschaft mit ursprünglich gebliebenen Auenwäldern und vielen langsam verlandenden Altarmen der Amper. Vor Olching, gleich zu Beginn der Tour, laden zudem einige Kiesbänke zu einer ausgedehnten (Bade-) Pause ein. Nur die Durchquerung der Stadt Dachau schmälert etwas den Landschaftsgenuss. Hier gibt es leider keinen durchgehenden Radweg, sodass man für ein kurzes Stück auf eine viel befahrene Straße ausweichen muss. Aber gleich danach stellt sich das begehrte „JWD"-Feeling wieder ein, und nach Ampermoching sind auch wieder einige sehr unterhaltsame Trailpassagen im Programm.

Hier sind hier alle Zutaten einer klasse Tour gegeben, die vom Einsteiger bis hin zum Trailritter quer durch die Bank für ein breites Grinsen sorgen wird!

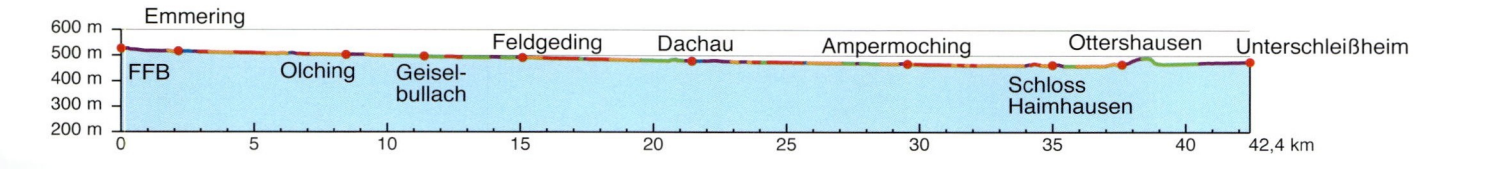

HÖHENPROFIL ▬ Asphalt 1,4 km ▬ asphaltierter Radweg 9,1 km ▬ Schotter 9,4 km ▬ Waldweg 13,2 km ▬ Trail 9,3 km ▬ Schieben 0,0 km

BEWERTUNG		MITTEL ▲
TECHNIK	▲▲▲△△	
KONDITION	▲▲△△△	
FAHRSPASS	▲▲▲▲▲	
LANDSCHAFT	▲▲▲▲△	

CHARAKTER Konditionell leichte Tour mit nur einem Anstieg von 30 Höhenmetern. Der Rest spielt sich in konstantem, leichtem Gefälle ab, sodass sich sämtliche Trailpassagen sehr flowig fahren lassen. Dort verlangt nur hin und wieder eine Wurzeltrail-Passage etwas Fahrgeschick.
TOURSTART Am S-Bahnhof Fürstenfeldbruck (S4).
RÜCKFAHRT Vom S-Bahnhof Unterschleißheim (S1).
PARKEN Besser mit der S-Bahn anfahren!
EINKEHR Biergarten Stadtkeller in Dachau, Biergarten Seewirt am Unterschleißheimer See.
KOMBINATIONSMÖGLICHKEITEN Idealer Abschluss einer Dreitageskombination mit Tour 28 und 29. Die Kombination mit Tour 29 ist möglich, aber konditionell reichlich anspruchsvoll.
HINWEIS Die Wege am Naturfreundehaus Dachau sind öffentlich zugänglich, aber als Privatweg ausgewiesen. Hier bitte sehr rücksichtsvoll fahren!
Der Trail unterhalb der Autobahnbrücke bei Schöngeising ist bei Hochwasser nicht passierbar. Die Umfahrung dieser Stelle ist einigermaßen kompliziert. Also bitte nur bei normalem Wasserstand befahren.

ROADBOOK

KM 0,0 Start am S-Bahnhof Fürstenfeldbruck. Auf Radweg parallel zur Hauptstraße Richtung Ortskern.

0,96 Stadtpark Fürstenfeldbruck. Die Wege direkt an der Amper sind für Bikes gesperrt, daher mit einer Schleife durch den Ortskern von Emmering zum dortigen Sportplatz.

2,93 Sportplatz Emmering. Es folgt eine lange Trailpassage (kurze Stücke Schotter) bis Esting.

6,33 Amperbrücke Esting. Kurz auf Radweg Richtung Olching, dann weiter auf Schotterwegen an der Amper entlang. Am Festplatz (große betonierte Fläche) Amperkanal queren und Richtung S-Bahn Olching.

9,18 Bahnunterführung Olching. Weiter am Amperkanal entlang zum Amperwehr, dort Flussseite wechseln.

9,88 Nach Amperbrücke links auf Trail, dann auf Schotterweg am Golfplatz entlang nach Geiselbullach. Dort weiter auf Schotterweg zum Campingplatz.

12,17 Campingplatz. Auf Trail und unter Autobahnbrücke hindurch. Achtung: bei Hochwasser nicht passierbar! Weiter auf Trail zum Ampersee und Richtung Klärwerk. Dort beginnt ein Schotterweg, der in den Ammer-Amper-Radweg mündet.

14,86 Amperbrücke Feldgeding. Auf die Brücke, dort links auf Teerweg und wieder links unter der Brücke hindurch auf den Weg. Dieser wird bald zum Trail und führt sehr schön an der Amper entlang (eine kurze Unterbrechung auf Radweg) bis zum Naturfreundehaus Dachau.

18,55 Naturfreundehaus. Nun auf Schotterwegen entlang der Amper ins Stadtzentrum Dachau.

21,40 Dachau. Kurz auf eine viel befahrene Straße, dann auf Nebenstraßen und Fußwegen an der Amper Richtung Norden. Am Ortsausgang wird die Flussseite gewechselt.

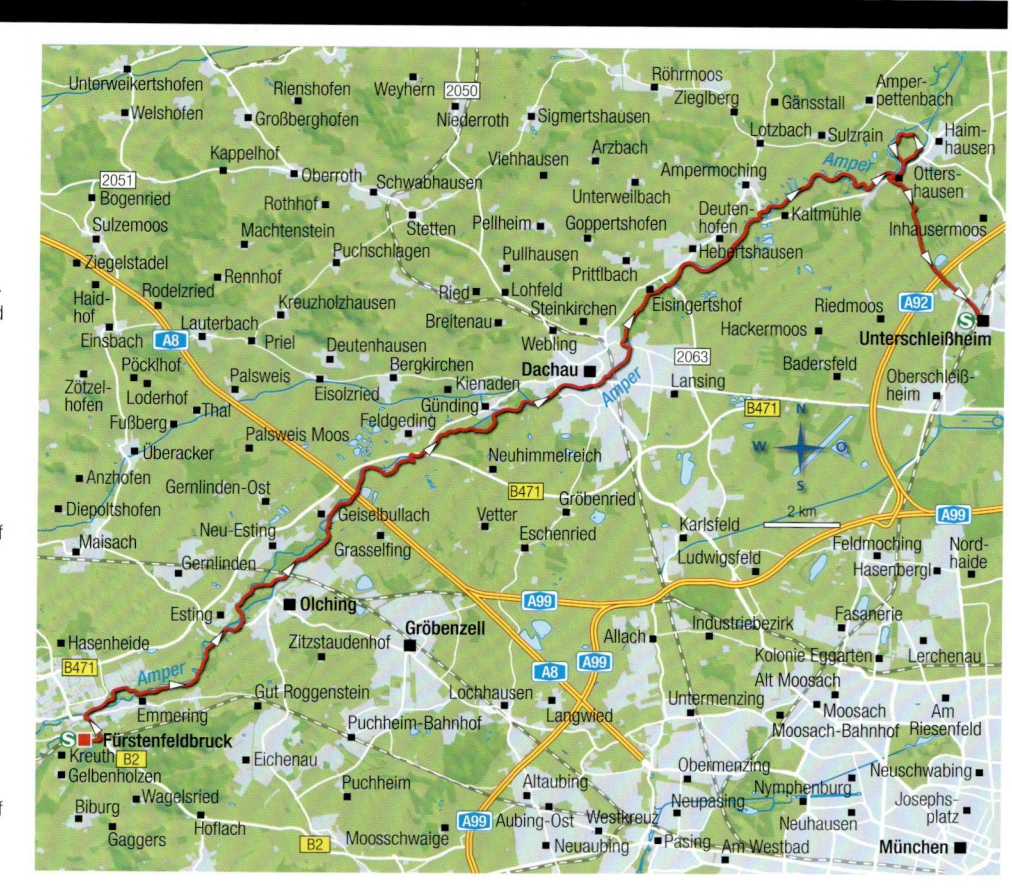

23,52 Ein Waldweg führt am Mühlbach entlang. Ab dessen Mündung in die Amper sehr schöne Singletrail-Passage (kurz Schotter) bis zur nächsten Amperbrücke.

25,66 Amberbrücke nach Hebertshausen. Flussseite wechseln und auf Schotterwegen bis Ampermoching.

29,50 Ampermoching. Am Ortsschild auf Feldweg, dann Beginn einer langen Singletrail-Passage, die immer wieder kurz von Feldwegen unterbrochen wird, bis Ottershausen.

34,02 Amperbrücke Ottershausen. Weiter auf Schotterwegen zum Schloss Haimhausen und eine Runde durch den Schlosswald. Dann wieder zurück zu diesem Punkt.

37,53 Ottershausen. Auf Teer Richtung Inhausen, dann Abzweig auf Schotterstraße Richtung Unterschleißheim.

40,45 Unterschleißheimer See, Einkehrmöglichkeit. Nun auf Radweg nach Unterschleißheim und auf Nebenstraßen durch den Ort zur S-Bahn.

42,34 S-Bahnhof Unterschleißheim. Ende der Tour.

Als eingefleischter Alpenbiker hat **Ralf Glaser** aus Gröbenzell die Touren seines Heimatreviers jahrelang als „reines Training" abgetan. Dabei genügte es, die eigenen ausgetretenen Pfade einmal zu verlassen und sich mit Neugier auf die Suche zu machen. Und schon erschloss sich ihm ein unerwartet vielfältiges Bike-Revier, das jeden Selbstzweck heiligt. Den Alpen hat der Autor deswegen nicht abgeschworen. Doch am Wochenende lässt er seither den Stau gern auch einmal Stau sein.

Impressum

Die GPS-Daten für die Routen dieses Buches erhalten Sie über die Website des Mountainbikemagazins **BIKE**. Bitte gehen Sie auf **www.bike-magazin.de** und geben Sie dort in das Feld für die Suche den **Webcode #10225** ein. Der Download ist kostenlos, eine Registrierung jedoch erforderlich (für BIKE-Abonnenten bitte mit Angabe der Kundennummer für weitere kostenlose Services).

WEITERE BÄNDE DIESER REIHE

BIKE Guide Dolomiten Bd. 1 / 30 Toptouren Südtirol zwischen Sexten und Rosengarten
BIKE Guide Tegernsee / 30 Toptouren zwischen Bad Tölz und Bayrischzell
BIKE Guide Bayerische Voralpen / 30 Toptouren Isarwinkel – Walchensee – rund um die Jachenau

Bibliografische Information der Deutschen Nationalbibliothek
Die Deutsche Nationalbibliothek verzeichnet diese Publikation in der Deutschen Nationalbibliografie; detaillierte bibliografische Daten sind im Internet über http://dnb.d-nb.de abrufbar.

1. Auflage 2012
ISBN 978-3-7688-3463-6
© by Delius, Klasing & Co KG, Bielefeld

Fotos: Ralf Glaser,
mit Ausnahme von Tour 21, Bild 2: Markus Greber/skyshot
Redaktion: Gitta Beimfohr
Lektorat: Klaus Bartelt, Niko Schmidt
Umschlaggestaltung und Layout: Dagmar Dörpholz
Karten: Infochart, München
Reproduktionen: scanlitho.teams, Bielefeld
Druck: Print Consult, München

Alle Rechte vorbehalten! Ohne ausdrückliche Erlaubnis des Verlages darf das Werk weder komplett noch teilweise reproduziert, übertragen oder kopiert werden, wie z. B. manuell oder mithilfe elektronischer und mechanischer Systeme inklusive Fotokopieren, Bandaufzeichnung und Datenspeicherung.

Delius Klasing Verlag, Siekerwall 21, D-33602 Bielefeld
Telefon: 0521/559-0, Fax: 0521/559-115, E-Mail: info@delius-klasing.de, www.delius-klasing.de

ACHTUNG: Mountainbiken ist wie jeder Sport mit gewissen Risiken behaftet. Bitte behalten Sie jederzeit Ihre Kondition, Ihr Fahrkönnen und den technischen Zustand Ihres Sportgerätes im Auge! Im Gebirge ist zudem maximale Vorsicht im Hinblick auf Wetterwechsel angebracht. Aber auch die Natur selbst, in der unser Sport stattfindet, ist von vielen Seiten gefährdet – bitte achten Sie stets darauf, deren Belastung in Grenzen zu halten. Hinterlassen Sie so wenig Spuren wie möglich und seien Sie um den Interessenausgleich mit Wanderern und Grundeigentümern bemüht.

STRECKENFÜHRUNG: Aus unterschiedlichen Gründen werden immer wieder Routen kurzfristig gesperrt. Bitte beachten Sie daher Streckensperrungen und -umleitungen! Eine Haftung für etwaige Schäden, die sich aus dem Befahren der vorgestellten Routen ergeben, können Verlag und Autoren nicht übernehmen.